学研 毎日のドリルの

特長

やりきれるから自信がつく!

1日1枚の勉強で、学習習慣が定着!

◎目標時間に合わせ、無理のない量の問題数で構成されているので、「1日1枚」やりきることができます。

◎解説が丁寧なので、まだ学校で習っていない内容でも勉強を進めることができます。

すべての学習の土台となる「基礎力」が身につく!

◎スモールステップで構成され、1冊の中でも繰り返し練習していくので、確実に「基礎力」を身につけることができます。「基礎」が身につくことで、発展的な内容に進むことができるのです。

◎教科書の学習ポイントをおさえられ、言葉の力や表現力も身につけ

勉強管理アプリの活用で、楽し　強できる!

◎設定した勉強時間にアラームが鳴るので、学習習慣がしっかりと身につきます。

◎時間や点数などを登録していくと、成績がグラフ化されたり、賞状をもらえたりするので、達成感を得られます。

◎勉強をがんばると、キャラクターとコミュニケーションを取ることができるので、日々のモチベーションが上がります。

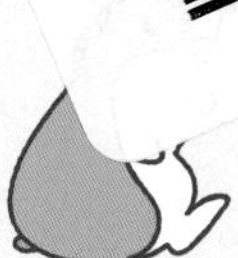

学研

毎日のドリルの使《つか》い方《かた》

1　1日《にち》1枚《まい》、集中《しゅうちゅう》して解《と》きましょう。

◎**1回分《かいぶん》は、1枚《まい》（表《おもて》と裏《うら》）です。**

1枚《まい》ずつはがして使《つか》うこともできます。

◎**目標時間《もくひょうじかん》を意識《いしき》して解《と》きましょう。**

アプリのストップウォッチなどで、かかった時間《じかん》を計《はか》るとよいでしょう。

・「かくにんテスト」　ここまでの内容《ないよう》が身《み》についたかを確認《かくにん》しましょう。

・「まとめテスト」　最後《さいご》に、この本《ほん》の内容《ないよう》を総復習《そうふくしゅう》しましょう。

目標時間

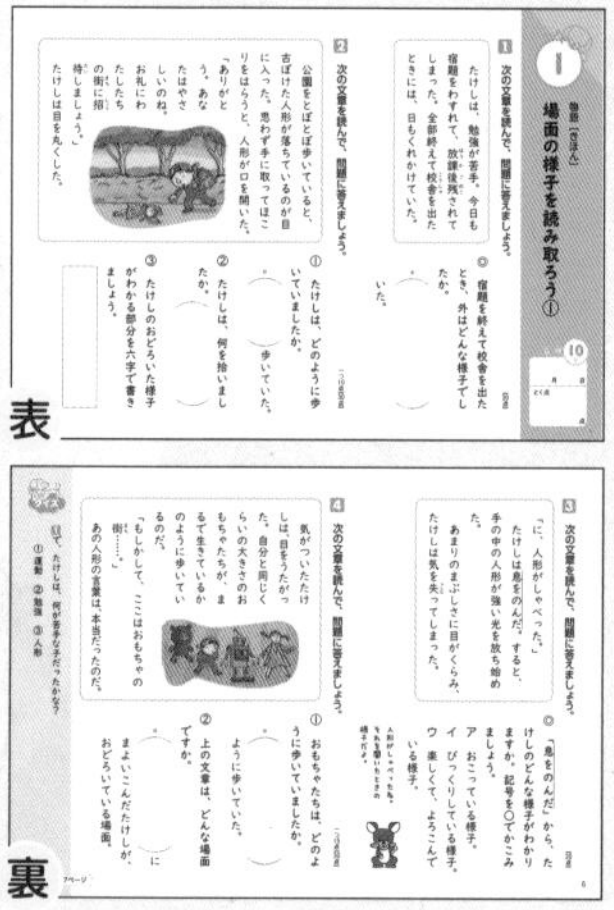

表

裏

書く力

・文《ぶん》を書《か》くときに役立《やくだ》つ表現力《ひょうげんりょく》がつく問題《もんだい》です。

2　答《こた》え合《あ》わせをしましょう。

・本《ほん》の最後《さいご》に、「答《こた》えとアドバイス」があります。

・答《こた》え合《あ》わせをして、点数《てんすう》をつけましょう。

・アドバイスには考《かんが》え方《かた》や解《と》き方《かた》がのっています。よく読《よ》んで、学習《がくしゅう》に役立《やくだ》てましょう。

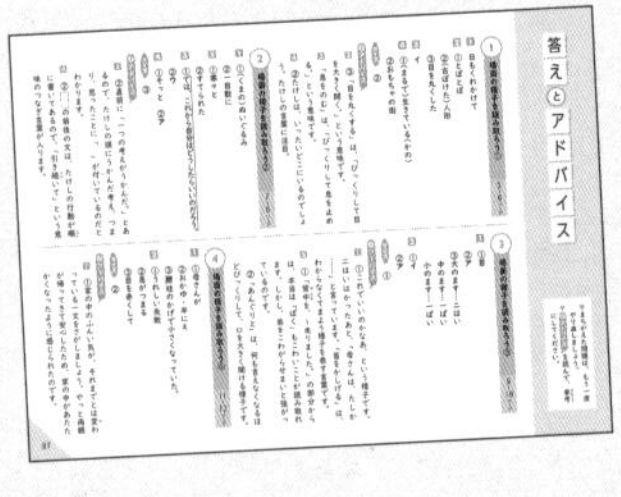

3　アプリに得点《とくてん》を登録《とうろく》しましょう。

・アプリに得点《とくてん》を登録《とうろく》すると、成績《せいせき》がグラフ化《か》されます。

・勉強《べんきょう》すると、キャラクターが育《そだ》ちます。

無料ダウンロード

毎日のドリル

勉強管理アプリ

アプリといっしょだと，ドリルが楽《たの》しく進《すす》む!?

毎日のドリル 勉強管理アプリ

「毎日《まいにち》のドリル」シリーズ専用《せんよう》，スマートフォン・タブレットで使《つか》える無料《むりょう》アプリです。
1つのアプリでシリーズすべてを管理《かんり》でき，学習習慣《がくしゅうしゅうかん》が楽《たの》しく身《み》につきます。

1 「毎日《まいにち》のドリル」の学習《がくしゅう》を徹底《てってい》サポート！

毎日《まいにち》の勉強《べんきょう》タイムをお知《し》らせする
「タイマー」

かかった時間《じかん》を計《はか》る
「ストップウォッチ」

勉強《べんきょう》した日《ひ》を記録《きろく》する
「カレンダー」

入力《にゅうりょく》した得点《とくてん》を
「グラフ化《か》」

2 キャラクターと楽《たの》しく学《まな》べる！

好《す》きなキャラクターを選《えら》ぶことができます。勉強《べんきょう》をがんばるとキャラクターが育《そだ》ち，「ひみつ」や「ワザ」が増《ふ》えます。

3 1冊《さつ》終《お》わると，ごほうびがもらえる！

ドリルが1冊終《さつお》わるごとに，賞状《しょうじょう》やメダル，称号《しょうごう》がもらえます。

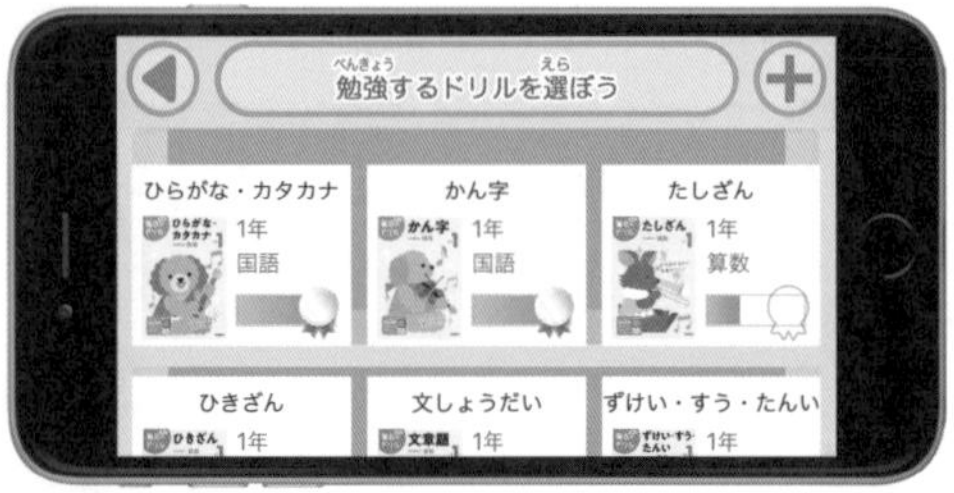

4 漢字《かんじ》と英単語《えいたんご》のゲームにチャレンジ！

ゲームで，どこでも手軽《てがる》に，楽《たの》しく勉強《べんきょう》できます。漢字《かんじ》は学年別《がくねんべつ》，英単語《えいたんご》はレベル別《べつ》に構成《こうせい》されており，ドリルで勉強《べんきょう》した内容《ないよう》の確認《かくにん》にもなります。

アプリの無料《むりょう》ダウンロードはこちらから！
https://gakken-ep.jp/extra/maidori/

【推奨環境】
■ 各種Android端末：対応OS Android6.0以上　※対応OSであっても，Intel CPU（x86 Atom）搭載の端末では正しく動作しない場合があります。
■ 各種iOS（iPadOS）端末：対応OS iOS10以上　※対応OS や対応機種については，各ストアでご確認ください。
※お客様のネット環境および携帯端末によりアプリをご利用できない場合，当社は責任を負いかねます。
また，事前の予告なく，サービスの提供を中止する場合があります。ご理解，ご了承いただきますよう，お願いいたします。

場面の様子を読み取ろう①

目標《もくひょう》 10分

月　日

とく点　　点

1 次の文章を読んで、問題に答えましょう。 【20点】

たけしは、勉強が苦手。今日も宿題をわすれて、放《ほう》課《か》後《ご》残《のこ》されてしまった。全部終えて校舎《こうしゃ》を出たときには、日もくれかけていた。

◎ 宿題を終えて校舎を出たとき、外はどんな様子でしたか。

・（　　　　　　　）いた。

2 次の文章を読んで、問題に答えましょう。 一つ10点【30点】

公園をとぼとぼ歩いていると、古ぼけた人形が落ちているのが目に入った。思わず手に取ってほこりをはらうと、人形が口を開いた。

「ありがとう。あなたはやさしいのね。お礼にわたしたちの街《まち》に招《しょう》待《たい》しましょう。」

たけしは目を丸くした。

① たけしは、どのように歩いていましたか。

・（　　　　　　　）歩いていた。

② たけしは、何を拾いましたか。

（　　　　　　　）

③ たけしのおどろいた様子がわかる部分を六字で書きましょう。

3 次の文章を読んで、問題に答えましょう。 【20点】

「に、人形がしゃべった。」

たけしは息をのんだ。すると、手の中の人形が強い光を放ち始めた。

あまりのまぶしさに目がくらみ、たけしは気を失《うしな》ってしまった。

◎「息をのんだ」から、たけしのどんな様子がわかりますか。記号を○でかこみましょう。

ア　おこっている様子。
イ　びっくりしている様子。
ウ　楽しくて、よろこんでいる様子。

人形がしゃべったね。それを聞いたときの様子だよ。

4 次の文章を読んで、問題に答えましょう。

気がついたたけしは、目をうたがった。自分と同じくらいの大きさのおもちゃたちが、まるで生きているかのように歩いているのだ。

「もしかして、ここはおもちゃの街《まち》……。」

あの人形の言葉は、本当だったのだ。

一つ15点【30点】

① おもちゃたちは、どのように歩いていましたか。

（　　　　　　）ように歩いていた。

② 上の文章は、どんな場面ですか。

（　　　　　　）にまよいこんだたけしが、おどろいている場面。

クイズ
1で、たけしは、何が苦手な子だったかな？
①運動　②勉強　③人形

答え ▶ 87ページ

2

物語［きほん］

場面の様子を読み取ろう②

目標《もくひょう》 10分

月　日

とく点　　点

1 次の文章を読んで、問題に答えましょう。

不思議《しぎ》で楽しい光景《こうけい》に見とれていると、くまのぬいぐるみがたけしに気づいた。

「おい、人間がいるぞ。早くつかまえろ！」

たけしはびっくりして、一目散《いちもくさん》ににげ出した。

一つ10点【20点】

① ——線部は、だれが言った言葉ですか。

（　　　　）

② たけしは、どのようににげ出しましたか。

・（　　　　）ににげ出した。

2 次の文章を読んで、問題に答えましょう。

走り続《つづ》けて、たけしは寒々《さむざむ》とした原っぱに出た。そこには、こわれたロボットやぼろぼろのぬいぐるみが、山のように積《つ》み重なっていた。

そこは、人間にすてられたおもちゃが、最後《さいご》に行き着く先だったのだ。

一つ15点【30点】

① たけしが着いた原っぱは、どんな様子でしたか。

・（　　　　）していた。

② たけしが原っぱで見たのは、どんな光景でしたか。

・人間に（　　　　）おもちゃが、山のように積み重なっている光景。

3 次の文章を読んで、問題に答えましょう。

どうりで、＊この街《まち》では人間がきらわれているはずだ。では、これから自分はどうしたらいいのだろう。

一つの考えがうかんだ。

「ぼくもおもちゃになればいいんだ。おもちゃの中に入りこめないだろうか。」

＊この街…人間にすてられたおもちゃの街。

一つ10点【20点】

① たけしの不安《ふあん》な気持ちが最《もっと》も表れている一文に――を引きましょう。

② 文章中のかぎ（「」）は、次のどれを表していますか。記号を○でかこみましょう。

ア 会話

イ 聞いたこと

ウ 思ったこと

不安な気持ちで、うかんだ考えをのべたものだよ。

4 次の文章を読んで、問題に答えましょう。

たけしは、すてられたおもちゃの山から、そっと犬のロボットを引きずり出した。［　］、そのおなかにあながあいているのをたしかめた。

「よし。これで、ぼくが人間だとはだれも気づかないはずだ。」

一つ15点【30点】

① たけしは、犬のロボットをおもちゃの山からどのように引きずり出しましたか。

（　　　　）引きずり出した。

② ［　］に合う言葉を次から一つ選《えら》んで、記号を○でかこみましょう。

ア そして　イ さて　ウ しかし

クイズ

1で、たけしが人間だと気づいたのは、だれだっただろう？

① 古ぼけた人形　② 犬のロボット　③ くまのぬいぐるみ

答え ▶ 87ページ

3 物語［標じゅん］

場面の様子を読み取ろう③

目標《もくひょう》 10分

月　日

とく点　　点

1 次の文章を読んで、問題に答えましょう。

〔るすばんをしていた「ぼく」と弟は、田植えから帰ってくる両親のために、おかゆをたこうと思いつきました。〕

さっそくとりかかりました。やりかたはわかっているつもりでした。米びつのなかには、大、中、小の三種類《さんしゅるい》のます*が、はいっていました。まず大きなますでニはい、はかりました。見ている弟が□をかしげました。

「母さんは、たしか三ばいはかってたよ」

「そか、そういえばすくないか。よし、おまけして中ますをもう一ぱい」

弟ものりだして、

「ついでや兄ちゃん。小ますも一ぱい」

「よしきた、小ますも一ぱい」

*ます…米などの量（りょう）をはかる入れ物。

（川村たかし「るすばん」『心にしみるお母さんの話 3年生』〈ポプラ社〉より）

一つ10点【50点】

① □にあてはまる言葉を、漢字一字で書きましょう。

□

② 「のりだして」から、弟のどんな様子がわかりますか。記号を〇でかこみましょう。

ア　調子に乗っている様子。

イ　まだまだ不安《ふあん》な様子。

ウ　後《こう》かいしている様子。

③ 「ぼく」と弟は、結局《けっきょく》、ますで何ばいの米をたくことにしましたか。大きさごとにそれぞれ書きましょう。

- 大のます…（　　）
- 中のます…（　　）
- 小のます…（　　）

2 次の文章を読んで、問題に答えましょう。

とりかかって二、三十分もたったころ、弟がのどにひっかかったような声で、ぼくをよびました。

　ふりかえると「ふたが、ふたが」とつぶやきながら、小さくふるえています。

「だれもさわ*れへんのに、かまのふたがうごいた」

*さわれへん…さわらない。

　ぼくの背《せ》中《なか》を、つめたい水のようなものが、つっと走りました。が、ここは一年生をおびえさせてはなりません。

「しんぱいすんな、まかせとけ」

　のぞきこんだぼくは、あんぐりと口をあけました。ぎっしりふくれあがった米が、ふたをおしあげているのです。

（川村たかし「るすばん」『心にしみるお母さんの話 3年生』〈ポプラ社〉より）

一つ25点〔50点〕

① ▭の部分から、「ぼく」のどんな様子がわかりますか。記号を○でかこみましょう。

ア　少しもこわがらず、はりきっている様子。

イ　本当はこわいけれど、強がっている様子。

ウ　こまってしまい、ぼんやりしている様子。

兄として、一年生の弟をおびえさせてはならないと考えているね。

② 「あんぐりと口をあけました」から、「ぼく」のどんな様子がわかりますか。記号を○でかこみましょう。

ア　びっくりしている様子。

イ　こわがっている様子。

ウ　よくわかっている様子。

クイズ

かまのふたを動かしていたのは、何だったかな？

① ふくれあがった米　② わいたお湯　③ あわてた弟

答え ▶ 87ページ

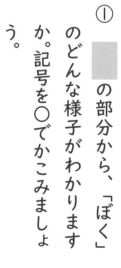

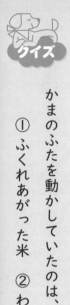

4

物語［標じゅん］

場面の様子を読み取ろう④

目《もく》標《ひょう》 10分

月　日

とく点　　点

1 次の文章を読んで、問題に答えましょう。【50点】

〔「ぼく」と弟は、ふくれあがった米をかまの中から何ばいもすくい出しました。しかし、うまくいきませんでした。〕

やがて荷車を牛にひかせた父さんと母さんが帰ってきました。とっくに八時をすぎていました。

母さんがはいってくると、家のなかはいっぺんにあたたかくなりました。

「えらいこと、してしもうたんよ」

弟はかまどのほうをゆびさしました。

半にえのおかゆが、ふたの下から顔をのぞかせています。

柱のかげで小さくなっていたぼくも、おそるおそるでていきました。こっぴどくしかられるのは、かくごの上でした。

（川村たかし「るすばん」『心にしみるお母さんの話 3年生』〈ポプラ社〉より）

① るすばんの心細さが消えて、「ぼく」と弟がほっとしていることがわかる一文をさがし、初《はじ》めの四字を書きましょう。（15点）

□□□□

② 「えらいこと」とは、どんなことですか。一つ10点（20点）

・（　　）をたいた

が、（　　）に

してしまったこと。

書く力

③ 母さんが家に入ってきたとき、「ぼく」はどうしていましたか。（15点）

〔　　　　〕

2 次の文章を読んで、問題に答えましょう。【50点】

「食べられへんおかゆ、たいてしもうた」

そのとき、ふいにぼくらはだきよせられました。

「ふたりともありがとう。ようたいてくれたなあ。失敗《しっぱい》？　ああ、うれしい失敗や」

母さんは目を赤くして、ぼくらのまえにしゃがみこむと、もう一度息がつまるほど、だきしめました。雨にぬれた母さんから、しめった土のにおいがたちこめていました。

そこへ牛の世話をすませた父さんがやってきました。父さんはようすがわかるとアハハハとわらいました。

「半にえのおかゆも、たまにはええやんか」

（川村たかし「るすばん」『心にしみるお母さんの話 3年生』〈ポプラ社〉より）

① 母さんは、「ぼくら」のしたことを、どんな言葉で言い表しましたか。六字で書きましょう。（20点）

母さんの気持ちを考えてみて。「ぼくら」が手伝《てつだ》おうとした気持ちが、母さんに通じたんだよね。

② 母さんは、「ぼくら」をどのようにだきしめましたか。（15点）

（　　　）ほど、強くだきしめた。

③ 母さんがなみだぐんでいることがわかる六字の言葉を書きましょう。（15点）

クイズ

1で、父さんと母さんが帰ってきたのは、いつごろだろう？

① 夕方早く　② 夜おそく　③ 真夜中

答え ▶ 87ページ

5 場面のうつり変《か》わりを読み取ろう①

目《もく》標《ひょう》 10分

月　日

とく点　　点

1 次の文章を読んで、問題に答えましょう。

犬のロボットに化けたたけしは、＊おもちゃの街《まち》にもどった。見ると、きょうりゅうのロボットが苦しそうにうずくまっている。

「だいじょうぶかい。」

「足の調子が悪いんだ。おれもあの原っぱ行きさ。」

＊おもちゃの街…人間にすてられたおもちゃたちの街。

◎ おもちゃの街で、たけしが見たものは何ですか。　一つ15点【30点】

・（　　　　）が悪くて、苦しそうにうずくまっている（　　　　）。

「見ると」の後に書かれているね。

2 次の文章を読んで、問題に答えましょう。

見ると、足の付《つ》け根のねじが外れかかっている。

「ぼくが直してあげる。」

だが、犬のロボットの手ではうまくいかない。ロボットから出ればかん単《たん》なのだが、そうすれば人間であることがばれてしまう。

◎ ［　］の言葉を、たけしはどんな様子で言ったと考えられますか。記号を○でかこみましょう。　【20点】

ア　かん単に直せると思っている様子。

イ　直すのはむずかしいと思っている様子。

ウ　何も考えていない様子。

3 次の文章を読んで、問題に答えましょう。

「少し目をとじていて。」

たけしはロボットから出て、ねじをしめ直した。

「おい、人間がいるぞ！」

おもちゃたちが、すごいいきおいでおしよせてきた。

【20点】

◎ 上の文章を二つに分けるとすると、どこで分けられますか。後半の初《はじ》めの四字を書きましょう。（句読点《くとうてん》や符号《ふごう》も字数にふくみます。）

4 次の文章を読んで、問題に答えましょう。

きょうりゅうのロボットが立ち上がってさけんだ。

「待て。人間であっても、おれの足を直してくれたやさしい子なんだ。」

気がつくと、たけしは夕やみの中、公園のベンチに横になっていた。遠くで「ありがとう。またな。」という声が聞こえたような気がした。

一つ15点【30点】

① 「ありがとう。またな。」は、だれが言った言葉だと考えられますか。

（　　　　）

② 上の文章を二つに分けるとすると、どこで分けられますか。後半の初めの四字を書きましょう。

クイズ

たけしは、きょうりゅうのロボットをどうしただろう？
①そのままにした。②ねじをしめ直した。③ねじをはずした。

答え ▶ 88ページ

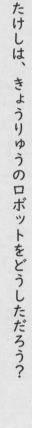

場面のうつり変《か》わりを読み取ろう②

目標《もくひょう》 10分

月　日

とく点　　点

1 次の文章を読んで、問題に答えましょう。【50点】

＊ピーターは、すぐにクラスの人気者になった。

＊ピーター…ケニアからの転校生で、日本語も話せる。

ある日、ろうかを走っていた、五、六人のグループに向かって、ピーターが言った。

「ポレポレでいこうよ。」

ポレポレというのは、スワヒリ語でゆっくりとか、のんびりという意味、だそうだ。

日本語で「ろうかを走るな。」と言えば、「よけいなお世話だ。」と、けんかになるかもしれない。でもポレポレなら、なんとなくユーモアがあって、おもしろい。

□、みんなはポレポレという言葉が気に入って、クラスじゅうで、はやりだした。

（西村まり子『ポレポレ』〈BL出版〉より）

① ピーターは、どんな感じで「ポレポレでいこうよ。」と言ったと考えられますか。記号を○でかこみましょう。（15点）

ア あきれた感じ。

イ きつい感じ。

ウ 明るい感じ。

② ピーターに「ポレポレでいこうよ。」と言われた人たちは、どうしたと考えられますか。（20点）

・（　　　　）のをやめた。

③ □に合う言葉を次から一つ選《えら》んで、記号を○でかこみましょう。（15点）

ア それでも

イ それとも

ウ それから

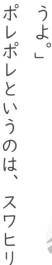

2 次の文章を読んで、問題に答えましょう。【50点】

〔夏休みの前の夜、同じクラスのいずみがゆくえ不明《ふめい》だと知った「ぼく」とピーターは、いずみをさがしにいった。〕

てん望台《ぼうだい》の下まで来ると、手入れをしていない草が、ぼうぼうと生えていた。

ピーターはライトを持って先に歩き、ぼくはかにかまれながら、後ろからついていった。

てん望台の中に入ると、オバケが出てきても、不思議《ふしぎ》じゃないような暗さだった。柱にまきついた、らせん階だんが、ぼくのこわさをふくらませた。

ぼくがピーターのT《ティー》シャツを引っぱるのと、ピーターがふり返ったのと、同時だった。

上の方から、女の子のすすり泣《な》く声が聞こえた。

〈西村まり子『ポレポレ』〈BL出版〉より〉

① てん望台の中の様子が、たとえを使って書かれている一文をさがし、初《はじ》めの六字を書きましょう。（15点）

書く力 ② こわくなった「ぼく」は、どうしましたか。（20点）

③ てん望台の中にいずみがいたことが想像《そうぞう》できる一文をさがし、初めの四字を書きましょう。（15点）

らせん階だんで、聞こえてきた声に注目してね。

クイズ 1で、「ポレポレでいこうよ」を日本語に直すと、どうなるかな？
①がんばっていこうよ ②早くいこうよ ③のんびりいこうよ

答え ▶ 88ページ

7 場面のうつり変《か》わりを読み取ろう③

目《もく》標《ひょう》 10分

月　日

とく点　　点

1 次の文章を読んで、問題に答えましょう。 【50点】

　らせん階だんを上ると、待ちかねたいずみが、ピーターに飛《と》びついてきた。

「ピーター……、こわかった、こわかったー。」

　いずみの顔が、みるみるうちにゆがんできた。

「だいじょうぶ、もうだいじょうぶ。」

　ピーターは、いずみのせなかを軽くたたいた。

　いずみの気持ちが、落ち着くのを待って、ぼくは、言った。

「どうして、こんな所にいるんだよ。」

　いずみはピーターからはなれると、早口で答えた。

「おいていかれたのよ。ここから、おもしろいものが見えるって、さそわれて。」

（西村まり子『ポレポレ』〈BL出版〉より）

① ▭の部分から、いずみのどんな様子がわかりますか。記号を○でかこみましょう。（15点）

ア　ほっとして、泣《な》き出した様子。

イ　やさしい顔になった様子。

ウ　おこり出した様子。

② いずみは、「ぼく」の質《しつ》問《もん》にどんな様子で答えましたか。三字で書きましょう。（15点）

③ 上の文章を二つに分けるとすると、どこで分けられますか。後半の初《はじ》めの五字を書きましょう。（20点）

2 次の文章を読んで、問題に答えましょう。【50点】

〔クラス委員のいずみは、行動がおそい子たちなどを注意してきた。その子たちが、いずみをてん望台《ぼうだい》におき去りにしたのだった。〕

クラスの三人の女の子たちは、泣《な》きながらいずみにあやまり、

「まさか、あのままてん望台にいたなんて、信《しん》じられない。」

女の子の一人が言った。

いずみは何回も下りようとした。だけど、こわくて下りられなかったそうだ。

いずみが、

「わたし、クラス委員として、がんばろうと思って、無理《むり》してあせってたみたい。これからは、＊ポレポレ、でいくから。」

ごめんなさい、と女の子たちと仲直《なかなお》りをした。

＊ポレポレ…「ゆっくり」という意味のスワヒリ語。

〈西村まり子『ポレポレ』〈BL出版〉より〉

① てん望台に残《のこ》されたいずみの様子が書かれている一《ひと》文続《つづ》きの二文をさがし、初《はじ》めの四字を書きましょう。（15点）

□□□□

② 三人の女の子たちの気持ちに合う言葉を選《えら》んで、記号を○でかこみましょう。（15点）

ア 不満《ふまん》　イ 反省《はんせい》　ウ 冷静《れいせい》

③ 「ポレポレ」は、ここではどんな意味で使われていますか。記号を○でかこみましょう。（20点）

ア 相手を受け入れるゆとりをもつこと。

イ みんなで何かをするとき、協力《きょうりょく》し合うこと。

ウ 何もしないで休むこと。

いずみの言葉に注目。「あせってた」と、反省しているね。

クイズ

いずみをてん望台にさそったのは、だれだろう？

① 女の子たち　② ぼく　③ ピーター

答え ▶ 88ページ

8 かくにんテスト①

名前

目標《もくひょう》 15分

月　日

とく点　点

1 次の文章を読んで、問題に答えましょう。【50点】

朝の光が木《き》の葉にはんしゃして、動物園じゅう、緑の光であふれています。

もうすぐ開園時間です。それなのに、ライオンは、おりの中で、ぐったりしています。

「ファホーッ。」

ときどき起き上がって、ほえてみますが、声がよく出ません。

「ファホーッ……まずいぞ、こりゃあ……。」

ガオーッとほえたつもりでも、ファホーッになってしまいます。

「きのう、あんなにほえるからだよ。」

ライオンのおりのとなりで、クロヒョウが言いました。朝ごはんを食べたばかりで、口のまわりを、ペロペロなめながらしゃべっています。

〈斉藤洋『どうぶつえんのいっしゅうかん』〈講談社〉より〉

① ライオンの元気がない様子が最《もっと》もよくわかる一文をさがし、初《はじ》めの四字を書きましょう。(15点)

書く力

② ライオンは、なぜ、声がよく出ないのですか。かん単《たん》にまとめて書きましょう。(20点)

③ ▢の部分から、クロヒョウのどんな様子がわかりますか。記号を○でかこみましょう。(15点)

ア ライオンのことを心配している様子。

イ 気楽で、のんきな様子。

ウ とても悲しそうな様子。

2 次の文章を読んで、問題に答えましょう。【50点】

「そんなこと言ったって、しょうがないじゃろうが。」

ライオンは、太い木のえだにうつぶせになっているクロヒョウに顔を向けて、かすれた声で答えました。

「だいたいライオンさんは、㋐サービスのしすぎなんだよ。人間が来たって、おれみたいに、ねてりゃあいいのに。」

「でも、そんなこと言っても、人間の子どもたちは、わしがガオーッてほえるのを楽しみにしているんじゃから。」

「楽しみにしているなんて、㋑こわがっているだけじゃないか。ばかばかしい。」

クロヒョウはそう言うと、木のえだからとび下り、コンクリートのゆかに、ごろりと横になりました。そうやって横になると、半日はそのままです。

〈斉藤洋『どうぶつえんのいっしゅうかん』〈講談社〉より〉

書く力

① 「㋐サービス」とは、ライオンがどうすることを指していますか。かん単《たん》にまとめて書きましょう。（20点）

② 「㋑こわがっている」のはだれですか。（10点）

（　　　）

③ 上の文章中で、クロヒョウの気持ちは、どのように変化《へんか》していますか。記号を順《じゅん》にならべましょう。全部できて（20点）

ア ライオンの考えをばかばかしいと思った。

イ もう、どうでもいいと思った。

ウ ライオンのことを少しは気にしていた。

□ → □ → □

答え ▶ 88ページ

9

説明文［きほん］

内容《ないよう》を正しく読み取ろう①

目《もく》標《ひょう》 10分

月　日

とく点　　点

1 次の文章を読んで、問題に答えましょう。

キリンは、世界一せの高い動物です。せが高いため、高い木の葉を食べることもできます。ほかの動物たちにえさをうばわれる心配はありません。

◎何について書かれた文章ですか。　一つ15点【30点】

・世界一（　　　　）が、（　　　　）動物であるために、都合が良《よ》い点について。

2 次の文章を読んで、問題に答えましょう。

また、高い所から見下ろせるので、ライオンなどのてきを、いち早く見つけることができます。ほかの動物たちは、そばでその様子を見て、きけんを知ります。

キリンは、草原の見はり番なのです。

◎「その様子」とは、どんな様子ですか。記号を○でかこみましょう。【20点】

ア　キリンがライオンなどのてきを見つける様子。

イ　ライオンなどのてきが近づいてくる様子。

ウ　キリンがえさをのんびりと食べている様子。

3 次の文章を読んで、問題に答えましょう。

しかし、せが高くて[　]こともあります。

水を飲むときに、二メートル以上《いじょう》もある長い足がじゃまになってしまうのです。

このときに、てきにおそわれたら、ひとたまりもありません。

① [　]に合う言葉を次から一つ選《えら》んで、記号を○でかこみましょう。　一つ15点【30点】

ア　便利《べんり》な

イ　楽しい

ウ　都合が悪い

「じゃま」や「ひとたまりもありません」などの言葉から考えよう。

② 「このとき」とは、どんなときですか。

（　　　　　　　）とき。

4 次の文章を読んで、問題に答えましょう。

また、頭まで血液《けつえき》をおし上げるのが大変《たいへん》なので、心ぞうのこ動が速くなり、すぐに息が切れてしまいます。

キリンが、長い時間走ることができないのは、そのためです。

◎ 何について書かれた文章ですか。　一つ10点【20点】

（　　　　　　　）が、長く（　　　　　　　）ができない理由について。

クイズ

キリンが水を飲むとき、何がじゃまになってしまうのかな？

①長い首　②長い足　③大きな頭

答え ▶ 89ページ

10 説明文［きほん］
内容《ないよう》を正しく読み取ろう②

目標《もくひょう》 10分

月　日

とく点　　点

1 次の文章を読んで、問題に答えましょう。

サメの仲間《なかま》は、世界じゅうのあたたかい海にすんでいます。日本の近海にもいます。日本近海には、ホホジロザメやイタチザメなど、百種類《しゅるい》ほどのサメがすんでいると言われています。

サメは肉食性《にくしょくせい》で、するどい歯で魚などのえものにおそいかかります。「海のギャング*」とよばれているのは、そのためです。

*ギャング…ごうとう。

一つ15点【30点】

① サメは、どこにすんでいますか。十二字で書きましょう。

② サメはその習性から、何とよばれていますか。

（　　　　　）

2 次の文章を読んで、問題に答えましょう。

まれに、人間をおそうこともあります。えものと見まちがえたり、なわばりに入ってきた相手をおどしつけたりして、かみついてくるのです。

一つ10点【20点】

◎ まれに、サメが人間をおそうのは、どんな場合ですか。

・人間を（　　　　）と見まちがえた場合。

・（　　　　）に入ってきた人間をおどす場合。

3 次の文章を読んで、問題に答えましょう。

一つ15点【30点】

サメの歯は、何度でも生え変《か》わります。

内側《うちがわ》に何重にもならんでいて、ぬけ落ちたり欠《か》けたりしても、すぐに新しい歯が出てくるようになっています。えものをとらえるために、いつも良《よ》いじょうたいにたもたなければならないからです。

① サメの歯が、何度でも生え変わる理由が書かれている一文をさがし、初《はじ》めの四字を書きましょう。

② サメの歯は、どのように生えていますか。

・（　　　　）生えている。

歯が生えている様子をとらえてね。

4 次の文章を読んで、問題に答えましょう。

一つ10点【20点】

サメは、耳と鼻がとても発達《はったつ》しています。そのため、遠くはなれた所にいるえものも、かすかな音やにおいをとらえて見つけることができます。

◎「そのため」とは、何がどうであるためですか。

・サメは、（　　　　）が（　　　　）ため。

クイズ

1で、サメの習性《しゅうせい》を表す言葉としてよいのは、次のどれ？

① 夜行性　② 草食性　③ 肉食性

答え ▶ 89ページ

11

説明文［標じゅん］

内容《ないよう》を正しく読み取ろう③

目標《もくひょう》 10分

月　日

とく点

点

1 次の文章を読んで、問題に答えましょう。【50点】

キョウリュウは、ワニやトカゲなどと同じは虫類《ちゅうるい》の仲間《なかま》ですが、体のつくりや形、大きさなどはかなりちがっています。

アメリカやカナダ、中国《ちゅうごく》など世界各地《かくち》でキョウリュウの化石がたくさん発見されたことから、そのすがたや大きさ、どんな生活をしていたのかなどがしだいにわかってきました。

では、キョウリュウの化石から、どんなことがわかったのでしょうか。

キョウリュウの化石は、たいてい岩の中にばらばらにうまっています。ていねいにほり出し、ばらばらの化石をつなぎ合わせたり、不足《ふそく》しているところはも型《けい》でおぎなったりして組み立てていきます。

こうすることで、その形や大きさがわかるのです。

① キョウリュウは、何の仲間ですか。三字で書きましょう。（15点）

② キョウリュウの化石からは、すがたや大きさの他に、どんなことがわかってきたのですか。（20点）

がわかってきた。

生きていたときの様子は、どうだったんだろうね。

③ 「こうする」とは、どうすることを指していますか。それがわかる文の初《はじ》めの五字を書きましょう。（15点）

2 次の文章を読んで、問題に答えましょう。【50点】

草食キョウリュウの代表はブラキオサウルスです。全長は約《やく》二十五メートルあり、長い首を使って、シダやソテツ、今あるマツやスギのような木の葉を、＊うす形の歯ですりつぶして食べていたようです。

大きないの中には、たくさんの石が入っていて、かたい植物はこれで細かくくだかれていました。

肉食キョウリュウの代表はティラノサウルスです。

肉食キョウリュウの中では、いちばん大きくて強いキョウリュウです。最大《さいだい》のもので全長は十三メートルあり、じょうぶなあごやするどい歯、太い後ろ足を使ってほかのキョウリュウをたおし、その肉を食べていました。

＊うす…こくもつなどをつぶす円柱の道具。

① 上の文章では、キョウリュウを大きく二つに分類《ぶんるい》しています。その二つを書きましょう。 一つ15点（30点）

・（　　　　）

・（　　　　）

② 次の説明《せつめい》をブラキオサウルスのものとティラノサウルスのものに分けて、記号で答えましょう。 一つ5点（20点）

ア 木の葉を食べる。

イ するどい歯がある。

ウ キョウリュウを食べる。

エ いの中に石が入っている。

・ブラキオサウルス □・□

・ティラノサウルス □・□

クイズ

ブラキオサウルスの体長は、どれくらいだろう？

① 約二十五メートル　② 約三十五メートル　③ 約十五メートル

答え ▶ 89ページ

12 説明文［標じゅん］

内容《ないよう》を正しく読み取ろう④

目標《もくひょう》 10分

月　日

とく点　　点

1 次の文章を読んで、問題に答えましょう。【50点】

トリケラトプスの目の上には、長さが一メートルもある角がありました。てきが近づいてくると、角をてきに向け、えりかざりで自分を大きく見せました。それでも近づいてくるてきには、はらに角をつきさしたと考えられています。

エウオプロケファルスの体は、あついよろいでおおわれていました。よろいにはかたいこぶやとげが付《つ》いていたので、てきがかみつけば、歯のほうがおれるほどでした。

さらに、しっぽの先には大きな石のようなかたいほねのかたまりが付いていたので、これをこんぼうのようにふり回して、てきを追いはらいました。

① トリケラトプスは、てきに対して、角をどのように使いましたか。 一つ10点(20点)

・角をてきに向け、（　　　　）で自分を大きく見せたり、角を（　　　　）につきさしたりした。

② エウオプロケファルスの体のよろいには、何が付いていましたか。(15点)

（　　　　）

③ 「これ」は、何を指していますか。(15点)

・しっぽの先の石のような（　　　　）

2 次の文章を読んで、問題に答えましょう。

【50点】

ところで、鳥の多くはひなを育てます。は虫類《ちゅうるい》のワニも子どものの世話をします。キョウリュウも鳥やワニと同じように、巣《す》を作って［1］を産《う》み、［1］をかえし、［2］が大きくなるまで育てていたと考えられています。

アメリカで、たまごからかえったばかりの子どもと、いっしょに巣にいた大人のキョウリュウの化石が発見されたからです。

このキョウリュウは、マイアサウラ（「良《よ》い母のトカゲ」の意味）と名付《なづ》けられました。マイアサウラは土をもり上げた巣を作り、子どもが小さいうちは、植物のえさを運んできてあたえるなどの子育てをしていたと考えられています。

① ［ ］1・2に入る言葉をそれぞれ三字で書きましょう。（同じ数字には同じ言葉が入ります。） 一つ10点（20点）

1 ［　　］

2 ［　　］

② アメリカで、キョウリュウのどんな化石が発見されましたか。記号を○でかこみましょう。（15点）

ア 巣にいた子どもの化石。

イ 同じ巣にいた大人と子どもの化石。

ウ たまごと子どもと大人の化石。

③ マイアサウラの子どものえさは、何ですか。（15点）

（　　）

クイズ

1で、トリケラトプスの長さ1メートルの角は、どこにあるのかな？

①しっぽの先 ②目の上 ③頭の両側《りょうがわ》

答え ▷ 89ページ

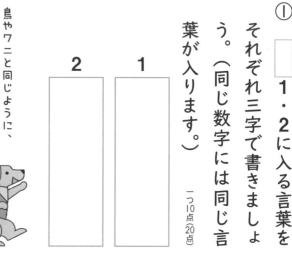

説明文［きほん］

13 だん落のつながりを読み取ろう①

目標《もくひょう》 10分

月　日

とく点　　点

1 次の文章を読んで、問題に答えましょう。

[1]秋になり、少しずつ寒くなってくると、いろいろな植物の葉が色づいてきます。

[2]例《たと》えば、イチョウは黄色に、カエデは赤に変色《へんしょく》します。このように、葉が色づくことを「紅葉《こうよう》」＊といいます。

＊葉が赤くなることを「紅葉」、黄色くなることを「黄葉」という。

一つ10点【20点】

◎「いろいろな植物」の例《れい》として挙《あ》げられている植物を、[2]だん落の中から二つ書きましょう。

（　　　　）（　　　　）

2 次の文章を読んで、問題に答えましょう。

㋐では、これらの植物が紅葉するのはなぜでしょう。

㋑イチョウは、気温が下がると、葉の緑の色素《しきそ》がへって緑色がうすくなります。代わりに、もともとふくまれている黄色の色素が目立つようになり、黄色く見えるのです。

一つ10点【30点】

① 「㋐では」と同じ働《はたら》きをする言葉を次から一つ選《えら》んで、記号を〇でかこみましょう。

ア　さて

イ　しかし

ウ　だから

② 「㋑イチョウ」の葉は、何色から何色へ変《か》わりますか。

・（　　　　）から（　　　　）へ変わる。

3 次の文章を読んで、問題に答えましょう。

カエデも、冬が近づくと緑色がうすくなります。[　　]、その一方で、葉が日光を受けて作ったでんぷんが、葉にたまります。このでんぷんが、赤い色素《しきそ》を作り、葉が赤く色づくのです。

◎ [　　]に合う言葉を次から一つ選《えら》んで、記号を○でかこみましょう。【15点】

ア　それとも
イ　そして
ウ　なぜなら

「加《くわ》えて」という意味のつなぎ言葉があてはまるよ。

4 次の文章を読んで、問題に答えましょう。【35点】

1 赤い色素を作るでんぷんは、天気の良《よ》い日中に作られます。しかし、夜の気温が高いと葉が活動して、せっかく作ったでんぷんを使ってしまいます。

2 あざやかに色づくには、天気の良い日が続《つづ》いて、昼と夜の気温差《さ》が[　　]なければならないのです。

① でんぷんは、いつ作られますか。七字で書きましょう。(15点)

[　　　　　　　]

② 2だん落の内容《ないよう》をおさえたうえで、[　　]に合う言葉を次から一つ選んで、記号を○でかこみましょう。(20点)

ア　大きく　　イ　小さく
ウ　一定で

クイズ

2で、秋にイチョウの葉が黄色になるのは、なぜなのだろう？

① 緑の色素がへるから
② 黄色の色素がふえるから
③ かれてしまうから

答え ▶ 89ページ

14　説明文［標じゅん］
だん落のつながりを読み取ろう②

目標《もくひょう》 10分

月　日

とく点　　点

1 次の文章を読んで、問題に答えましょう。【50点】

動物学者の遠藤秀紀《えんどうひでき》さんは言う。

「いいですか、ゾウの鼻をよく見てください。ほんとうに鼻でしょうか？　自分、つまりヒトの鼻とくらべると、はっきりとわかるはずですよ」

「じつは、鼻と見えるのは、鼻といっしょに上《うわ》くちびるが、グーンと長くのびたものなのです」

たしかにゾウには、上くちびるが見当たらない。つまり、上くちびるがのびた先に、鼻のあながある。

□、ゾウのとてもかわった鼻（上くちびる）は、息をして、においをかぐほかに、さまざまな使われ方をする。

（山本省三『ゾウの長い鼻には、おどろきのわけがある！』〈くもん出版〉より）

① ゾウの「鼻」に見えるものの正体は、何とくらべるとわかるのですか。四字で書きましょう。（15点）

□

② ゾウの「鼻」に見えるものの正体は、何ですか。一つ10点（20点）

（　　　　）が長く（　　　　）もの。

③ □に合う言葉を次から一つ選《えら》んで、記号を○でかこみましょう。（15点）

ア　それとも

イ　けれども

ウ　このように

前の内容《ないよう》を指ししめして、後の内容とつなぐ言葉が入るよ。

2 次の文章を読んで、問題に答えましょう。

1 まず思いうかぶのが、手のように使うこと。よくゾウは、四本の足と一本の手をもつ動物といわれる。

2 えさを口に運んだり、丸太を持ち上げたり、いろいろな動きができる。

3 また子どものゾウは、むれで出歩く時、親のしっぽを鼻でつかんでいることもある。あぶない目にあわないように、小さい子どもが、お母さんと手をつなぐのとにている。親子のふれあいだ。

4 それからポンプの役目もする。

5 水をズズーッとすい上げ、鼻の中に十リットル以上《いじょう》ためてしまう。

（山本省三『ゾウの長い鼻には、おどろきのわけがある！』〈くもん出版〉より）

一つ10点【50点】

(1) 「親子のふれあい」とは、ゾウのどんな様子ですか。

・子どものゾウが、（　　）を（　　）歩いている様子。

(2) ゾウは、どれくらいの量《りょう》の水を鼻の中にためますか。

（　　）

(3) この文章は、ゾウの鼻の使われ方によって二つに分けられます。使われ方を文章中の言葉で書きましょう。

㋐ 1～3だん落（　　）

㋑ 4・5だん落（　　）

クイズ

1で、ゾウの鼻のあなは、どこにあるのかな？

① 鼻の先　② 上くちびるの先　③ 下くちびるの先

答え ▶ 90ページ

15 説明文［標じゅん］

だん落のつながりを読み取ろう③

目標《もくひょう》 10分

月　日

とく点　点

1 次の文章を読んで、問題に答えましょう。【50点】

動物学者の遠藤《えんどう》さんによると、ゾウのじんぞうは、りくでくらすほかの動物たちと、ちょっとちがっているそうだ。

1 このじんぞう、ゾウの場合は、八つに仕切られ、分かれている。㋐これは、りくの上の動物にはほとんど見られないとくちょうだ。一つのじんぞうは、ふつう分かれてはいない。

2 じんぞうがいくつかに分かれている動物は、ほかにホッキョクグマやクジラのなかまがいる。

3 この動物たちに、㋑きょうつうすることとはなんだろう。

4 クジラは、海の中でくらす生きものだ。またホッキョクグマもほとんどが、りくより海の中ですごしている。

5 つまり、じんぞうが分かれているのは、海にすむ動物にほぼかぎられるんだ。

（山本省三『ゾウの長い鼻には、おどろきのわけがある！』〈くもん出版〉より）

書く力

(1) 「㋐これ」は、どういうことを指していますか。（20点）

(2) 「㋑きょうつうすること」の内容《ないよう》になるように、三字の言葉を書きましょう。（10点）

・［　　　］ですごしたり、くらしたりしていること。

(3) 5だん落の働《はたら》きを次から一つ選《えら》んで、記号を○でかこみましょう。（20点）

ア 4だん落のまとめ。

イ 3・4だん落のまとめ。

ウ 2～4だん落のまとめ。

「じんぞう」「海」という言葉に注目！

2 次の文章を読んで、問題に答えましょう。【50点】

［ゾウは昔、海でくらしていたのかという問いに、動物学者の遠藤《えんどう》さんが答えた。］

1「ぼくには、ゾウのじんぞうが、そう語っているように思えます。それにゾウのそせんの化石が、海の近くやはまべだった所から多く見つかっています。大むかしのゾウと海は、切りはなせません」

2「□、ゾウの長い鼻は、海の中で大切な役目をしていたと、となえる動物学者もいます」

3あの長い鼻は、なんと海にもぐった時、息をするくだ、シュノーケルとして使われていたというんだ。これはおどろきだ。

（山本省三『ゾウの長い鼻には、おどろきのわけがある！』〈くもん出版〉より）

① 「じんぞう」以外《いがい》に、ゾウが海でくらしていたことをしめすものは、何ですか。（15点）

・ゾウの（　　　）が見つかった場所。

② □に合う言葉を次から一つ選《えら》んで、記号を○でかこみましょう。（15点）

ア　しかし　　イ　そして　　ウ　つまり

③ 2・3だん落の関係《かんけい》をしめしたものとして正しいものを次から一つ選んで、記号を○でかこみましょう。（20点）

ア　2だん落が話題、3だん落がその具体的《ぐたいてき》な説明《せつめい》。

イ　2だん落が具体的な説明、3だん落がまとめ。

ウ　2だん落が問いかけ、3だん落がその答え。

ゾウの鼻の役目を、3でどうのべているかな。

クイズ

1と2で、ゾウの体の何と何についてのべているかな？

①かんぞうと鼻　②じんぞうとほね　③じんぞうと鼻

答え ▶ 90ページ

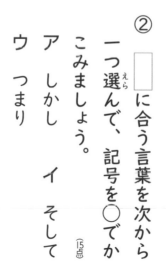

16 かくにんテスト②

名前

目標《もくひょう》 15分

月　日

とく点

点

1 次の文章を読んで、問題に答えましょう。【50点】

1 ねむっているとき、脳《のう》は完全《かんぜん》に休んでいるわけではありません。ねむっている間、脳が働《はたら》いていて、そのついでに作ったものが、ゆめだと考えられています。

（りゃく）

2 わたしたちは、目で物を見ているように思いますが、正しくいうと、㋐脳で見ています。目には光が入ってくるだけで、それだけでは見たことになりません。目が受けとった光の信号《しんごう》は、脳へ送られます。そこで、光の信号が、物の形としてうつしだされ、初《はじ》めて物を見たことになるのです。

3 音も㋑同じです。音の信号が、やはり脳へ送られ、そこで聞いているのです。

4 ゆめの中で、見えたり聞こえたりするものは、目や耳から入ってきた信号ではなく、脳の中で作られたものです。

（「どうして、ゆめを見るの？」『なぜ？　どうして？　身近なぎもん　4年生』〈学研プラス〉より）

① ㋐「脳で見ています」とは、どういうことですか。 一つ10点（20点）

・目が受けとった（　　　）が、脳で物の形としてうつしだされ、物を（　　　）になるということ。

② ㋑「同じ」と言えるものを二つ選《えら》んで、記号を○でかこみましょう。 両方できて（20点）

ア 物を見ること。
イ 光の信号。
ウ 音を聞くこと。
エ 音の信号。

③ 「ゆめ」についてわかっていることが書かれているのは、どのだん落ですか。 （10点）

・（　　　）だん落

2 次の文章を読んで、問題に答えましょう。【50点】

1人間の脳《のう》は、起きているときの出来事を、ねむっている間に整理しています。大切に思ったことはわすれまいとし、どうでもよいと思ったことは、わすれさるようにします。脳はそのよりわけ作業を、ねむっている間にしているのです。

2その作業中に、ふとしたきっかけで、出来事の記おくのかけらが変化《へんか》することがあります。そして脳の中にうつしだされ、音が聞こえるように感じるものがゆめだと考えられています。

3ふだん、なんとなく気になっていることや、昼間会った人が、ゆめに出てくるのは、そのためかもしれません。

（「どうして、ゆめを見るの？」『なぜ？ どうして？ 身近なぎもん 4年生』〈学研プラス〉より）

① 人間の脳が、ねむっているときに行っていることは、何ですか。（10点）

・（　　　　）の出来事の整理。

② 「よりわけ作業」の、よりわけている二つのことを書きましょう。一つ15点（30点）

・（　　　　）に思ったこと。

・（　　　　）と思ったこと。

③ 3だん落は、どのような内容《ないよう》が書かれていますか。記号を○でかこみましょう。（10点）

ア 2だん落までの内容から話題をかえている。

イ 2だん落を受けて、例《れい》を挙《あ》げている。

ウ 2だん落までをまとめ、意見を主張《しゅちょう》している。

答え ▶ 90ページ

17

物語［きほん］

会話や行動を読み取ろう①

目標《もくひょう》 10分

月　日

とく点　　点

1 次の文章を読んで、問題に答えましょう。

ある日の放課後《ほうかご》のこと。ゆみが校庭のかたすみにある古いトイレの前を通ったときだ。中から女の子の泣《な》き声がする。このトイレはあした取りこわす予定で、立ち入り禁止《きんし》のはずだ。不思議《ふしぎ》に思ったゆみは、足を止めた。

一つ10点【20点】

① 「古いトイレの前を通った」のは、だれですか。

（　　　　）

② トイレの中から、何が聞こえてきましたか。

（　　　　）

2 次の文章を読んで、問題に答えましょう。

すると、ドアが音を立てて開き、同じ年ごろの見知らぬ女の子があらわれた。

「ああ、やっと見つけてくれた。」

「あなたは……。」

「お願《ねが》いがあるの。町はずれのお寺に、大きなけやきの木があるわ。」

一つ15点【30点】

① ［　］は、だれの言葉ですか。七字で書きましょう。

□□□□□□□

② ［　］は、どんな感じで言ったと考えられますか。記号を○でかこみましょう。

ア　つまらなそうな感じ。

イ　待ちくたびれた感じ。

ウ　おこっている感じ。

3 次の文章を読んで、問題に答えましょう。

「そのみきのあなに、オルゴールの小箱が入っているわ。それを、今日じゅうに山本《やまもと》みちよという子にわたしてほしいの。これが、その子の住所。」

そう言ってゆみに紙切れをわたすと、女の子はすうっと消えてしまった。

書く力 ◎ 女の子の不思議《ふしぎ》さは、どんな様子からわかりますか。【20点】

・ゆみの前から、

ゆみにお願《ねが》いしたあと、女の子は、どうなった？

4 次の文章を読んで、問題に答えましょう。

信《しん》じられない。でも、紙切れはたしかに手の中にある。ゆみは急いで家に帰り、自転車でお寺に向かった。

女の子の言葉どおり、お寺には大きなけやきの木があった。そして、オルゴールの小箱も。

【一つ15点【30点】】

① ゆみの行動が書かれている一文をさがし、初《はじ》めの四字を書きましょう。

② ゆみがお寺でたしかめたものを二つさがし、それぞれに――を引きましょう。

クイズ

女の子がゆみにわたした紙切れには、何が書いてあったんだろう？

① 山本みちよという子の住所　② 町はずれの寺の住所　③ けやきの木の絵

答え ▶ 90ページ

会話や行動を読み取ろう②

目《もく》標《ひょう》 10分

月　日

とく点　　点

1 次の文章を読んで、問題に答えましょう。

ゆみは、あなから小箱を取り出した。オルゴールは古びていたが、ふたを開けると、きれいな音楽が流れた。これをとどけることが、女の子にとっては大事なことのようだった。でも、なぜ今日じゅうなのだろう。

ゆみは、首を［　　］。

◎ ［　　］に合う言葉を次から一つ選《えら》んで、記号を○でかこみましょう。【20点】

ア　かしげた
イ　長くした
ウ　つっこんだ

ゆみは、「なぜ今日じゅうなのだろう」と、ぎ問に思っているね。

2 次の文章を読んで、問題に答えましょう。

紙切れの住所は、同じ町内だがかなり遠い。早くしないと、暗くなって、道にまよってしまう。

「とにかく、早くとどけて帰らなくちゃ。お母さんが心配するわ。」

ゆみは、お寺を後にして、［　　］に向かった。

一つ15点【30点】

① ［　　］の部分から、ゆみのどんな様子がわかりますか。記号を○でかこみましょう。

ア　楽しんでいる様子。
イ　やる気がない様子。
ウ　あせり出した様子。

② ［　　］に合う言葉を六字で書きましょう。

［　　　　　　］

3 次の文章を読んで、問題に答えましょう。

紙切れの住所の近くに来たところには、辺《あた》りは暗くなっていた。なんだかうす気味悪い。

不安《ふあん》になりながら、ゆみは一けんずつ表札《ひょうさつ》をたしかめた。しかし、「山本《やまもと》」という家が見つからない。

一つ15点【30点】

① ゆみが、[　　　]に来たところ、辺りはどんな様子でしたか。

・（　　　　）いた。

② [　　　]に来たゆみは、どうしましたか。十三字で書きましょう。

4 次の文章を読んで、問題に答えましょう。

【20点】

このまま帰ってしまおうか。そんな思いが頭をかすめ、ゆみは足を止めた。

だいたい、あの子はだれなのか。この住所だって、うそかもしれない。知らない子のために、こんな大変《たいへん》な思いをするなんて……。

◎「このまま帰ってしまおうか。」という思いが頭をかすめたとき、ゆみはどうしましたか。

・その場に（　　　　）。

そして、いろいろなことを考え、まよった。

クイズ

1で、オルゴールは、どんなオルゴールだったかな？

① 古くてこわれている　② 古いが音楽が鳴る　③ 古いがりっぱだ

答え ▶ 91ページ

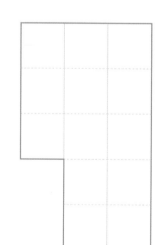

19

物語［標じゅん］

会話や行動を読み取ろう③

目標《もくひょう》 10分

月　日

とく点　　点

1 次の文章を読んで、問題に答えましょう。

［公平《こうへい》たちは、古い洋館でこわれた彫刻《ちょうこく》の像《ぞう》を見つけた。中には紙切れがかくしてあった。］

㋐「この彫刻は、だれかがわざと頭をもいで、その中に紙切れをかくしていたんでしょ。同じように脚《あし》と台座《だいざ》の部分も切り離《はな》して、中になにかかくしてあるんじゃないかって、考えたの。でも、脚のところは台座と切り離した跡《あと》がないの」

「て、いうことは、この紙切れだけをかくしてたってことだよなあ」

健《たけし》がポケットの中から、㋑例《れい》の紙切れを取り出した。

「そういうことになるわ。つまり、その暗号が唯一《ゆいいつ》の手がかりってこと。ええと、西峰《にしみね》・三角岩・120・110……だっけ？」

恵《めぐみ》が紙切れも見ないで言った。

（那須正幹『怪盗ブラックの宝物』〈福音館書店〉より）

［50点］

① ㋐「この彫刻」は、どんなじょうたいでしたか。次から一つ選《えら》んで、記号を○でかこみましょう。（15点）

ア　頭とどう体がはなれている。

イ　どう体と脚がはなれている。

ウ　脚と台座がはなれている。

② ㋑「例の紙切れ」は、どこにかくしてありましたか。（15点）

・彫刻の（　　　）

③ ㋑「例の紙切れ」には、何が書かれていましたか。文章中の二字の言葉を書きましょう。（20点）

2 次の文章を読んで、問題に答えましょう。 【50点】

〔公平《こうへい》たちは、暗号解読《かいどく》のために船で猿島《さるしま》へ向かったが、健《たけし》は船そのものに関心《かんしん》があるらしい。〕

㋐おじさんの説明《せつめい》を聞いているうちに、公平はあることに気づいた。

猿島の山にはふたつのてっぺんがあり、それは東西にならんでいる。と、いうことは、東の峰《みね》と西の峰があるということだ。

おじいちゃんが言っていた。ブラックの暗号にある『西峰《にしみね》』には、必《かなら》ず対《つい》になった『東峰《ひがしみね》』もあるはずだと。

公平は、思わず㋑健の肩《かた》をつついた。

「おい、猿島には山がふたつあるんだってよ」

「うん、知ってるよ」

健は、上《うわ》の空《そら》で答える。

（那須正幹『怪盗ブラックの宝物』〈福音館書店〉より）

① 「㋐おじさんの説明」で、公平はどんなことに気づきましたか。 一つ10点〔20点〕

・猿島の山には、（　　　）と（　　　）があるということ。

「と、いうことは」は、気づいたことを言う言い方だよ。

② 「㋑健の肩をつついた」公平は、健にどんなことを言おうとしたのですか。次から一つ選《えら》んで、記号を○でかこみましょう。 〔15点〕

ア 猿島での楽しいこと。

イ 猿島の重大なこと。

ウ おじいちゃんのひみつ。

③ 公平の言葉に、健はどんな様子でしたか。 〔15点〕

・（　　　）で答えた。

クイズ

ブラックの暗号に書かれていなかったのは、次のどれかな？

①東峰　②西峰　③三角岩

答え ▶ 91ページ

20

物語［標じゅん］

会話や行動を読み取ろう④

目標《もくひょう》 10分

月　日

とく点　　点

1 次の文章を読んで、問題に答えましょう。【50点】

［公平《こうへい》たちは、船で猿島《さるしま》へ向かっている。公平は「おじさん」にたずねたいことがあるらしい。］

「おじさん、猿島の西の山に三角岩っていう岩がありませんか」

「三角岩……？」

おじさんが、けげんな顔でふり返る。

「うーん、三角岩っていうのは、聞いたことがないなあ。まあ、あの島は岩だらけだから、三角の岩があるかもしれないが」

そのとき、公平の肩《かた》をだれかがたたいた。いつのまにか、恵《めぐみ》と美《み》登《ど》里《り》もキャビンに入りこんできていた。

「あんたの考えてること、あたしにもわかったわよ。例《れい》の西峰《にしみね》は、猿島の西の山のことだって考えてるんでしょう。ブラックはよく釣《つ》りをしてたそうだから、猿島に上陸《じょうりく》したこともあるかもしれないわね」

〈那須正幹『怪盗ブラックの宝物』〈福音館書店〉より〉

① 公平は、「おじさん」にどんなことをたずねましたか。　一つ10点（20点）

・猿島の（　　　　）に（　　　　）があるかどうかということ。

② ▒の「おじさん」の言葉は、どんな感じで言ったと考えられますか。記号を○でかこみましょう。（15点）

ア　心配そうな感じ。

イ　楽しそうな感じ。

ウ　不思議《ふしぎ》そうな感じ。

③ ▒の言葉からわかることを次から一つ選《えら》んで、記号を○でかこみましょう。（15点）

ア　ぎ問がとけたこと。

イ　なぞが深まったこと。

ウ　真相はわからないこと。

2 次の文章を読んで、問題に答えましょう。

【50点】

［公平《こうへい》たちは、猿島《さるしま》の西の峰《みね》に登る。その南斜《みなみしゃ》面《めん》で、公平と恵《めぐみ》は、足元の岩を見て、あることに気づき、健《たけし》と美登里《みどり》に教える。］

「な、これが三角岩だぜ」

㋐一瞬《いっしゅん》、健がぽかんと口を開ける。

が、すぐに叫《さけ》んだ。

「ほんとだ。三角だ」

美登里も、

「すごーい。ほんと、三角の形してるわ。ここが三角岩なのね」

感心したように、㋑岩の上を歩き回り始めた。やがて顔を上げると、ちょっと首をかしげてみせる。

「じゃあ、120と10は、どんな意味があるのかしら」

㋒問題はまだ残《のこ》っている。あの数字と、この岩はどんな関係《かんけい》があるのか。

（那須正幹『怪盗ブラックの宝物』〈福音館書店〉より）

① 「㋐一瞬」健がぽかんと口を開けたのは、なぜですか。（15点）

・どれのことを（　　　　）と言っているのか、わからなかったから。

「ぽかんと」して、次に「叫んだ」ことに注意して。

② 「㋑岩の上を歩き回り始めた」のは、だれですか。（15点）

（　　　　）

③ 残っている「㋒問題」とは、何ですか。一つ10点（20点）

・（　　　　）という数字と、（　　　　）はどんな関係があるのかということ。

クイズ

1で、公平がおじさんと話しているとき、キャビンに入りこんできていたのはだれ？

① 健と恵　② 健と美登里　③ 恵と美登里

答え ▶ 91ページ

物語［きほん］

21 気持ちの変化《へんか》を読み取ろう①

目標《もくひょう》 10分

月　日

とく点　　点

1 次の文章を読んで、問題に答えましょう。

でも、あの女の子は、ずいぶん真けんな顔をしていた。

「やっと見つけてくれた。」

と言っていたから、長い間待っていたのかもしれない。

ゆみは決心した。何としても今日じゅうにとどけよう。

一つ10点【20点】

◎ ゆみが、[　　]のように決心したのは、なぜですか。

・（　　　　）は、真けんな顔をしていたし、長い間（　　　　）のかもしれないから。

2 次の文章を読んで、問題に答えましょう。

そのとき、一けんの家の前に大きなトラックが止まっているのに気づいた。

中から女の人が出てきたので、ゆみはたずねた。

「この辺《へん》に山本《やまもと》みちよさんのおたくはありますか。」

「わたしですけど……？」

一つ15点【30点】

① 「一けんの家」から出てきた女の人は、だれですか。

（　　　　）

② [　　]は、どんな感じで言ったと考えられますか。記号を○でかこみましょう。

ア　悲しそうな感じ。
イ　うれしそうな感じ。
ウ　不思議《ふしぎ》そうな感じ。

3 次の文章を読んで、問題に答えましょう。

ゆみはあわててオルゴールを差《さ》し出した。

「これ、どうしたの。」

ゆみが放課後《ほうかご》のできごとを話すと、みちよさんは顔色を変《か》えた。

【20点】

◎「顔色を変えた」が表す様子を次から一つ選《えら》んで、記号を○でかこみましょう。

ア　何かに気づいた様子。

イ　落ち着いている様子。

ウ　つまらなそうな様子。

「放課後のできごと」を聞いたときの様子だよ。

4 次の文章を読んで、問題に答えましょう。

「さっちゃんだわ……。」

みちよさんは、小学生のとき、さっちゃんという友達《ともだち》に、大事なオルゴールをかくされてしまった。さっちゃんは、その後すぐに事故《じこ》でなくなったという。

「実は、今夜の飛行機《ひこうき》で外国にたつの。当分日本にはもどらないわ。さっちゃんはそれで……。」

一つ10点【30点】

◎「さっちゃんだわ……。」と言ったとき、みちよさんは、どう思ったと考えられますか。

・事故で（　　　　）さっちゃんが、わたしが（　　　　）に行くと知り、（　　　　）を返してくれたんだわ。

クイズ

1で、「あの女の子」とは、だれのことだろう？

①ゆみ　②みちよさん　③さっちゃん

答え▶91ページ

22

物語［標じゅん］

気持ちの変化《へんか》を読み取ろう②

目《もく》標《ひょう》 10分

月　日

とく点　　点

1 次の文章を読んで、問題に答えましょう。【50点】

ごん（きつね）は、兵十《ひょうじゅう》がつかまえた魚をにがすいたずらをしました。すると、うなぎが首にまき付《つ》いたので、そのままにげました。十日ほどたち、兵十の母親が死んだことを知りました。

「（兵十のおっかあは、）ああ、うなぎが食べたい、うなぎが食べたいと思いながら死んだんだろう。ちょっ、あんないたずらをしなけりゃよかった。」

兵十が、赤いいどの所で麦をといでいました。

兵十は、今までおっかあと二人きりで、まずしいくらしをしていたもので、おっかあが死んでしまっては、もうひとりぼっちでした。おれと同じ、ひとりぼっちの兵十か。こちらの物置《ものおき》の後ろから見ていたごんは、そう思いました。

（新美南吉『ごんぎつね』〈偕成社〉より）

① ――から、ごんのどんな気持ちがわかりますか。次から二つ選《えら》んで、記号を○でかこみましょう。一つ10点〔20点〕

ア 反省《はんせい》　イ 安心

ウ 満足《まんぞく》　エ 後《こう》かい

オ よろこび

② 兵十とおっかあは、どんな生活を送っていましたか。七字で書きましょう。〔15点〕

③ ▢の文章には、もともとかぎ（「　」）が付いていた一文があります。その一文をさがし、上の文章中に「　」を書き入れましょう。〔15点〕

ごんが思ったことに「　」を付けてね。

2 次の文章を読んで、問題に答えましょう。 【50点】

〔いわし売りが、いわしのかごを積《つ》んだ車を道ばたに置《お》いて、弥助《やすけ》のうちに入るのを、ごんは見ました。〕

ごんは、そのすき間に、かごの中から五、六ぴきのいわしをつかみ出して、もと来た方へかけ出しました。そして、兵十《ひょうじゅう》のうちのうら口から、うちの中へいわしを投げこんで、あなへ向かってかけもどりました。とちゅうの坂の上でふり返ってみますと、兵十がまだ、いどの所で麦をといでいるのが小さく見えました。

ごんは、うなぎのつぐないに、まず一つ、いいことをしたと思いました。

（新美南吉『ごんぎつね』〈偕成社〉より）

① ごんは、自分のすがたを兵十に見られないようにしています。そのことがわかる一文をさがし、初《はじ》めの四字を書きましょう。（句読点《くとうてん》も字数にふくみます。） 〔15点〕

② ごんは、何のために、いわしを兵十のうちへ投げこんだのですか。 〔20点〕

（　　　　）のため。

③ ごんは、いわしを投げこんだことをどう思いましたか。十二字で書きましょう。（句読点も字数にふくみます。） 〔15点〕

クイズ

兵十は、いどの所で何をしていただろう？

① 米をといでいた
② 麦をといでいた
③ いわしをあらっていた

答え ▶ 91ページ

23

物語［標じゅん］

気持ちの変《へん》化《か》を読み取ろう③

目《もく》標《ひょう》 10分

月　日

とく点　　点

1 次の文章を読んで、問題に答えましょう。【50点】

［兵十《ひょうじゅう》のうちの中へいわしを投げこんだ次の日、ごんがくりを持って兵十のうちへ行くと、兵十が考えこんでいました。］

変《へん》なことには、兵十のほっぺたに、かすりきずが付《つ》いています。どうしたんだろうと、ごんが思っていますと、兵十がひとり言を言いました。

「いったい、だれが、いわしなんかを、おれのうちへ放りこんでいったんだろう。おかげでおれは、ぬすびとと思われて、いわし屋のやつにひどい目にあわされた。」

と、ぶつぶつ言っています。

ごんは、これはしまったと思いました。

〈新美南吉『ごんぎつね』〈偕成社〉より〉

① 「兵十のほっぺたに、かすりきず」を付けたのは、だれですか。（15点）

（　　　　）

② ごんの気持ちが変化したことは、どの言葉からわかりますか。四字で書きましょう。（20点）

□□□□

③ ▒の部分を読むときの声としてよいものを、次から一つ選《えら》んで、記号を○でかこみましょう。（15点）

ア　うれしそうな大声。

イ　めいわくそうな小声。

ウ　つらそうな、なみだ声。

兵十は、ごんのせいで、ひどい目にあわされたね。

2 次の文章を読んで、問題に答えましょう。【50点】

〔ごんは、毎日、兵十《ひょうじゅう》のうちにくりや松《まつ》たけをとどけました。ある日、兵十は、うちの中にごんが入ったのを見ました。いたずらをしに来たと思った兵十は、ごんを火なわじゅうでうちました。〕

ごんは、ばたりとたおれました。

兵十はかけよってきました。うちの中を見ると、土間にくりが固《かた》めて置《お》いてあるのが、目につきました。

「おや。」

と、兵十はびっくりして、ごんに目を落としました。

「ごん、おまい*だったのか、いつも、くりをくれたのは。」

ごんは、ぐったりと目をつぶったまま、うなずきました。

兵十は、火なわじゅうをばたりと取り落としました。青いけむりが、まだつつ口《ぐち》から細く出ていました。

*おまい…おまえ。

（新美南吉『ごんぎつね』〈偕成社〉より）

① 上の文章中で、兵十の気持ちは、どのように変化《へんか》していますか。記号を順《じゅん》にならべましょう。（全部できて30点）

ア とんでもないことをしてしまった。

イ もしかしたら、くりなどをくれたのは、ごんだったのかもしれない。

ウ ようし、いたずらぎつねをしとめたぞ。

□ → □ → □

② 真実を知った兵十の体から力がぬけたことがわかる一文をさがし、初《はじ》めの五字を書きましょう。（句読点《くとうてん》も字数にふくみます。）（20点）

□□□□□

クイズ

ごんは、兵十のうちに何をしにきたのかな？

① いわしをとどけに来た。② いたずらをしに来た。③ くりをとどけに来た。

答え ▶ 92ページ

24 かくにんテスト③

名前

目標《もくひょう》 15分

月　日

とく点　　点

1 次の文章を読んで、問題に答えましょう。【50点】

〔やよいは、となりに住んでいるおばあちゃんの家のげん関《かん》を開けました。〕

げんかんのくつ箱の上には、いつも、季節《きせつ》、季節の草花がかざられていましたが、いまはその花びんもほこりをかぶっていました。

おばあちゃんが、やよいたち家族の名まえをわすれはじめたのは、二か月まえ、やよいが四年生に進級したころからです。

「おばあちゃん、わたしの担任《たんにん》の先生ねぇ」

学校から帰って、あたらしい担任の先生の名まえをおしえようとしたやよいに、

「ねぇ、うちのやよいは、まだ帰らないのかしら」

と、おばあちゃんがきいたのです。

「なにをいってるの？　わたしがやよいじゃない」

そういっても、おばあちゃんはぼんやりと□をかしげるだけでした。

（上條さなえ「おせんべ　焼けたかな」『心にしみるお母さんの話　4年生』〈ポプラ社〉より）

① 「二か月まえ」の、あるできごとが書かれているのは、どこからどこまでですか。初《はじ》めと終わりの四字を書きましょう。（句読点《くとうてん》や符号《ふごう》も字数にふくみます。）（両方できて20点）

初め　□□□□

終わり　□□□□

② ▭を言っているときのやよいの気持ちを次から一つ選《えら》んで、記号を〇でかこみましょう。（20点）

ア　おどろきととまどい。

イ　後《こう》かいと反省《はんせい》。

ウ　悲しみとあきらめ。

③ □に合う言葉を漢字一字で書きましょう。（10点）

□

2 次の文章を読んで、問題に答えましょう。【50点】

〔ある日、おばあちゃんがいなくなってしまいました。やよいの両親がさがすと、旭公園《あさひ》で見つかりました。学校から帰って事情《じじょう》を聞いたやよいは、おばあちゃんの家に行きました。〕

「おばあちゃん、ただいま」

やよいは、小さな声で、ねているおばあちゃんに声をかけました。

おばあちゃんのねている部屋のサイドボードのなかには、おばあちゃんがとったゲートボールのトロフィーが、たくさんかざってありました。

やよいは、おばあちゃんのまくらもとに、いつもゲートボールにいくときかぶっていた、日よけのぼうしがあるのに気がつきました。

㋐「おばあちゃん、ゲートボールがしたくて、旭公園にいったんだ」

旭公園で、元気にゲートボールをしていたおばあちゃんのすがたを、やよいは思いだしました。

「おばあちゃん、かわいそう……」

やよいは、㋑むねがいっぱいになりました。

（上條さなえ「おせんべ　焼けたかな」『心にしみるお母さんの話　4年生』〈ポプラ社〉より）

① [　] から、どんなことがわかりますか。（　）に合う言葉を次から一つ選《えら》んで、記号を○でかこみましょう。（15点）

おばあちゃんは、ゲートボールが（　）だった。

ア 得意《とくい》
イ 苦手
ウ きらい

② ――㋐を読むときの声としてよいものを次から一つ選んで、記号を○でかこみましょう。（20点）

ア うれしそうな大声。
イ しみじみとした小声。
ウ 感動した明るい声。

③ 「㋑むねがいっぱいになりました」とにた意味の言葉を次から一つ選んで、記号を○でかこみましょう。（15点）

ア むねがつまりました。
イ むねがおどりました。
ウ むねがふくらみました。

答え ▶ 92ページ

25 説明文［きほん］

だん落の要点《ようてん》をつかもう①

目標《もくひょう》 10分

月　日

とく点　　点

1 次の文章を読んで、問題に答えましょう。

人の体の中には、いろいろなほねがあります。大人になると、約《やく》二百個《にひゃっこ》になります。これらがつながって、体をささえたり、動かしたりしているのです。

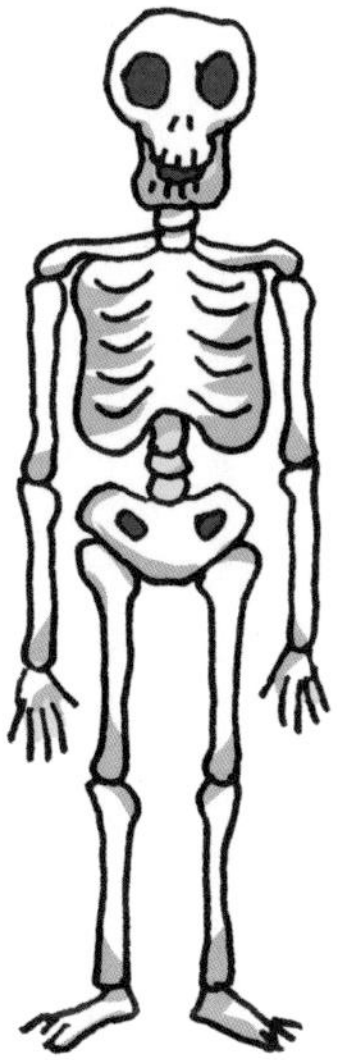

◎ほねは、どんな働《はたら》きをしていますか。　一つ10点【20点】

・体の中でつながって、体を（　　　）、（　　　）している。

2 次の文章を読んで、問題に答えましょう。

ほねには、体じゅうのカルシウムのほとんどがたくわえられています。血の中にもわずかにふくまれています。

血の中のカルシウムが不足《ふそく》すると、ほねのカルシウムがとけ出します。すると、ほねの中がすかすかになって、ちょっと転んだだけでも折《お》れてしまうようになります。

◎「ほねの中がすかすかに」なるのは、どんな場合ですか。　一つ15点【30点】

・（　　　）が不足して、（　　　）がとけ出した場合。

直前の文をよく読んでね。

3 次の文章を読んで、問題に答えましょう。

カルシウムをいちばんとらなければいけないのは、どんどん身長がのびる、みなさんぐらいの年令《ねんれい》のときです。

みなさんの体の中では、毎日少しずつほねがのび、太くなっています。ほねの成長《せいちょう》は、二十才くらいまで続《つづ》きます。

一つ15点【30点】

① カルシウムをいちばんとらなければいけないのは、どんなときですか。

（　　　　）がのびるとき。

② 人のほねは、いつまで成長しますか。

（　　　　）まで。

4 次の文章を読んで、問題に答えましょう。

カルシウムは、牛にゅうやチーズ、小魚などに多くふくまれています。野菜《やさい》では、切りぼし大根や大根の葉っぱ、モロヘイヤなどに、ひかく的《てき》多くのカルシウムがふくまれています。

これらの食品をたくさんとって、強くてじょうぶなほねを作りましょう。

一つ10点【20点】

◎「強くてじょうぶなほね」を作るには、どうするとよいですか。

（　　　　）が多くふくまれている（　　　　）をたくさんとる。

クイズ

1で、大人の人の体の中には、どれくらいの数のほねがあるのだろう？

① 約二百個《やくにひゃっこ》　② 約二百五十個　③ 約三百個

答え ▶ 92ページ

26 説明文［きほん］

だん落の要点《ようてん》をつかもう②

目標《もくひょう》 10分

月　日

とく点　　点

1 次の文章を読んで、問題に答えましょう。

塩《しお》は、料理《りょうり》の味付《あじつ》けに使われる、身近な調味料です。人間は、古代から塩を大切にし、手に入れるためにくふうをこらしてきました。

では、塩には、どんなひみつがあるのでしょうか。

一つ15点【30点】

① 塩は、どんな調味料ですか。そのことが書かれている一文に――を引きましょう。

② この文章の後には、塩の何についての説明《せつめい》が続《つづ》きますか。

・塩の（　　　　）について。

2 次の文章を読んで、問題に答えましょう。

塩は、冷《れい》ぞう庫がない時代には、食材《しょくざい》を塩づけしてほぞんするのに使われていました。塩ざけやつけ物などは、そのなごりです。

塩には、食べ物がくさるのをふせぐ働《はたら》きがあるのです。

一つ10点【20点】

① 冷ぞう庫がない時代には、食材をどのようにして、ほぞんしましたか。

・（　　　　）した。

② 塩には、どんな働きがありますか。

・食べ物が（　　　　）のをふせぐ働き。

3 次の文章を読んで、問題に答えましょう。

塩《しお》は、調理にも役立ちます。

きゅうりに塩をふりかけておくと、よぶんな水分が出ます。

また、むいたりんごを塩水につけておくと、色が変《か》わるのをふせぐことができます。

◎ ＿＿の例《れい》として、どんなことが挙《あ》げられていますか。 一つ10点【20点】

(1) きゅうり（塩）の場合

・（　　　　）が出る。

(2) りんご（塩水）の場合

・色が（　　　　）のをふせぐ。

塩（塩水）の働《はたら》きをとらえるんだ。

4 次の文章を読んで、問題に答えましょう。

塩は、体の中にもふくまれています。消化液《しょうかえき》や血液などにもとけていて、消化を助けたり、体の中の水分量《すいぶんりょう》をたもったりしています。

水や空気と同じように、塩は、わたしたちが生きていくために欠《か》かせないものです。

① 体の中にふくまれている塩は、どんな働きをしていますか。そのことが書かれている部分を三十字以内《いない》でさがし、——を引きましょう。 一つ15点【30点】

② 塩は、人間にとって、どんなものですか。

・生きていくのに（　　　　）もの。

クイズ

2で、昔、食材《しょくざい》を塩づけにしていたのは、何のためだったのだろう？

① 味をよくするため　② ほぞんするため　③ 水分量をたもつため

答え ▶ 92ページ

27

説明文［標じゅん］

だん落の要点《ようてん》をつかもう③

目《もく》標《ひょう》 10分

月　日

とく点　　点

1 次の文章を読んで、問題に答えましょう。【50点】

はしは、中国《ちゅうごく》から日本に伝《つた》わり、すでに奈良《なら》時代には広く用いられていたといわれます。ねばりけのある「ジャポニカ米」を主食とする日本では、米をつまみやすいはしが広まったのです。

食事の道具としてだけでなく、お祝《いわ》いの席《せき》で使う「やなぎばし」など、特別《とくべつ》なぎ式の道具としてもはしが用いられてきました。

また、どの料理《りょうり》をつまもうかとはしを行ったり来たりさせる「まよいばし」など、行《ぎょう》ぎの悪い食べ方をいましめる言葉の多さにも、日本のはしの文化が表れています。

（「モグモグ　食事のマナー」『それ日本と逆!?　文化のちがい　習慣のちがい①』〈学研プラス〉より）

① 日本で、はしが広まったのは、なぜですか。六字で書きましょう。（20点）

・はしは、主食の米を［　　　　　　］から。

② 日本で、はしの文化は、どのようなことに表れていますか。二つ書きましょう。一つ15点（30点）

・「やなぎばし」など、（　　　　　　）として使われてきたこと。

・「まよいばし」など、（　　　　　　）をいましめる言葉が多いこと。

二つ目、三つ目のだん落の要点《ようてん》だよ。

2 次の文章を読んで、問題に答えましょう。

1 インドでは、右手の親指、人差《ひとさ》し指《ゆび》、中指だけを使って、手づかみするのが正しい食べ方です。ヒンドゥー教で「神様からあたえられたものを食べるのに、道具を使うのは失礼《しつれい》」という考え方があるほか、左手が＊不《ふ》じょうとされているため、食事は＊清《せい》じょうな右手を使うことが古くからの習慣《しゅうかん》です。そんなインドでは、料理《りょうり》の手ざわりのよさもおいしさのうち、という感覚《かんかく》があります。

＊不じょう…けがれていること。
＊清じょう…けがれていないこと。

2 また、インドの「インディカ米」はねばりけが少なく、はしではつかみにくいので、手づかみで食べるのです。

（「モグモグ 食事のマナー」『それ日本と逆!? 文化のちがい 習慣のちがい①』〈学研プラス〉より）

【50点】

① インドで、手づかみで食べるのは、食べものがどのようなものだからですか。十二字で書きましょう。（15点）

② インドで、手づかみで食べるとき、右手を使うのは、なぜですか。一つ10点（20点）

・左手は（　　　）とされているため、（　　　）な右手を使う習慣があるから。

③ 2だん落の要点《ようてん》をまとめましょう。（15点）

・インドの米は、（　　　）ので、手づかみで食べる。

クイズ

1で、中国《ちゅうごく》から伝《つた》わったはしは、いつごろには広く使われていたかな？

① 奈良《なら》時代　② 平安《へいあん》時代　③ 江戸《えど》時代

答え ▶ 93ページ

28 説明文［標じゅん］
だん落の要点《ようてん》をつかもう④

目標《もくひょう》 10分

月　日

とく点　　点

1 次の文章を読んで、問題に答えましょう。【50点】

1ヨーロッパでナイフ・フォーク・スプーンのセットを食器《しょっき》として用いるようになったのは、金属加工《きんぞくかこう》のぎじゅつが発達《はったつ》した一七世紀《せいき》以こうです。フランスのき族たちの間で使い方が確立《かくりつ》されましたが、それまでは手づかみで食事をしていました。

（りゃく）

2イタリアのしょ民《みん》は、かつてスパゲッティーを手で食べていました。一七七〇年代に、ナポリ国王が宮ていで毎日スパゲッティーを出すことを命じると、上品に食べられるようにフォークを使うことが考えられました。

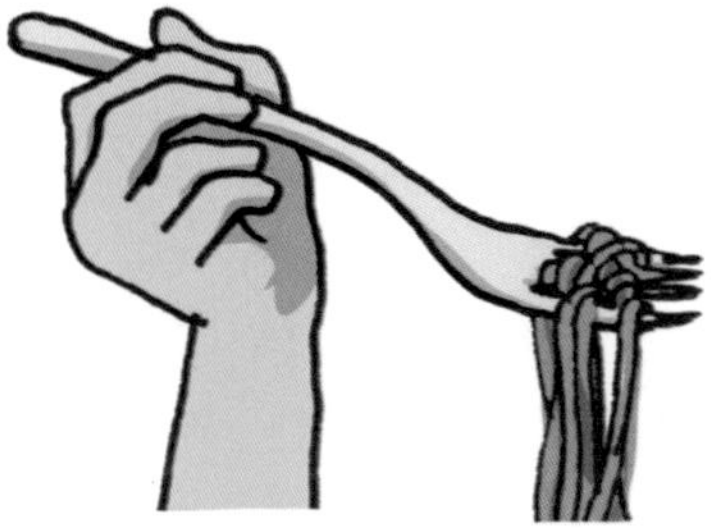

（「モグモグ　食事のマナー」『それ日本と逆!?　文化のちがい　習慣のちがい①』〈学研プラス〉より　一部略）

① ヨーロッパで、ナイフなどを食器として使うようになったのは、いつですか。（15点）

（　　　　）

② ①で、使い方を確立したのは、どんな人たちですか。（15点）

（　　　　）

③ 2だん落の要点《ようてん》をまとめましょう。一つ10点（20点）

・イタリアのしょ民は、スパゲッティーを（　　　　）が、一七七〇年代に、（　　　　）が考えられた。

2 次の文章を読んで、問題に答えましょう。 〔50点〕

世界では、食器《しょっき》は家族みんなでいっしょのものを使うのがいっぱん的《てき》で、日本のように、それぞれせん用のものを用意するのは、㋐めずらしい習慣《しゅうかん》といえます。これは、日本の神道《しんとう》の「けがれ」をさける考え方が理由の一つといわれ、㋑わりばしを用意する店が多い理由でもあります。

また、伝統的《でんとうてき》な日本料理《りょうり》のほとんどは、はしでつまむために適《てき》度《ど》なかたさがあります。一方で、ほぐれやすいシャリ（米）が好《この》まれるすしなどは、□でつまむほうが適していると考える人もいます。

（「モグモグ 食事のマナー」『それ日本と逆!? 文化のちがい 習慣のちがい①』〈学研プラス〉より）

① 世界とくらべたとき、日本の㋐「めずらしい習慣」といえるのは、どのようなことですか。 〔一つ10点（20点）〕

・（　　　）は、家族それぞれ（　　　）を用意すること。

② ㋑「わりばしを用意する」のは、何のためだと考えられますか。文章中の九字で書きましょう。（符号《ふごう》も字数にふくみます。） 〔15点〕

［　　　　　　　　　］ため。

③ □に合う言葉を考え、漢字一字で書きましょう。 〔15点〕

［　］

クイズ

伝統的な日本料理に適度なかたさがあるのは、なぜだろう？

① 手でつかむため　② スプーンですくうため　③ はしでつまむため

答え ▶ 93ページ

29

説明文［きほん］

だん落の関係《かんけい》をつかもう①

目《もく》標《ひょう》 10分

月　日

とく点　　点

1 次の文章を読んで、問題に答えましょう。

つゆに入ると、住まいにカビが発生しやすくなります。カビは、どんなじょうけんがそろうと、発生するのでしょうか。

◎ 上の文章は、この後に続《つづ》く文章全体の話題をしめしています。その話題をしめしている一文をさがし、――を引きましょう。【10点】

2 次の文章を読んで、問題に答えましょう。

一つ10点【40点】

カビが育つには、まず温度と水分が必要《ひつよう》です。ふろ場のような、温かくてしめった場所に生えやすいのは、そのためです。

また、カビのえさとなる栄養分《えいようぶん》も必要です。食べ物のかすや体のあかなどが付《つ》いたものをはじめ、身の回りにあるもののほとんどがカビのえさになります。

① カビが育つのに必要なものを漢字で三つ書きましょう。

（　　）・（　　）・（　　）

② カビは、どんな場所に生えやすいのですか。十字で書きましょう。

3 次の文章を読んで、問題に答えましょう。

[1]カビはもともと空気中のどこにでもただよっています。しかし、ふえすぎると、ぜん息や皮ふえんなど、さまざまな病気をまねきます。

[2]カビは、住まいだけではなく、わたしたちの□もねらっているのです。

◎ [2]だん落では、[1]だん落の内容《ないよう》を言いかえています。そのことをおさえたうえで、□に合う言葉を次から一つ選《えら》んで、記号を○でかこみましょう。【25点】

ア 衣類《いるい》　イ 健康《けんこう》　ウ 食べ物

「病気をまねく」ということから考えてね。

4 次の文章を読んで、問題に答えましょう。

[1]カビをふせぐには、ときどきまどを開けるなどして、風通しをよくしておくことが大事です。

[2]また、カビのえさとなるよごれをなくすために、こまめにそうじをするのも、効果《こうか》があります。

◎ [2]だん落の働《はたら》きを説明《せつめい》したものとして正しいのは、次のどれですか。記号を○でかこみましょう。【25点】

ア [1]だん落の内容に別《べつ》の内容を付《つ》け加《くわ》えている。

イ [1]だん落の内容を受けて結《けつ》ろんをまとめている。

ウ [1]だん落の内容をくわしく説明している。

クイズ

カビは、もともとどんなじょうたいでいるのだろう？

①しめった場所にいる。②空気中をただよっている。③人の住まいにいる。

答え▶93ページ

30

説明文［標じゅん］

だん落の関係《かんけい》をつかもう②

目標《もくひょう》 10分

月　日

とく点　　点

1 次の文章を読んで、問題に答えましょう。【50点】

[1]すしは日本で古くから食べられ、現代《げんだい》でも親しまれている料理《りょうり》ですが、そのれきしをさかのぼると、はじまりは日本ではなく、東南アジアの食文化にあるといわれています。

[2]ただし、東南アジアでつくられたという、すしのはじまりとなった食べものは、今わたしたちが食べているすしとは、すがたかたちや味がずいぶんちがいます。

[3]タイやラオス、ミャンマーなど東南アジアの一部の地いきでは、魚・塩《しお》・米からつくるほぞん食品が食べられ、これが「なれずし」とよばれるすしの起げんであるといわれています。

（「日本全国さまざまなすし」『すしから見る日本』〈文研出版〉より）

① 文章全体を通して説明《せつめい》しているのは、何についてですか。七字で書きましょう。（15点）

＿＿＿＿＿＿＿について。

② 「これ」は、何を指していますか。（15点）

③ [3]だん落は、[2]だん落に対してどんな関係《かんけい》となっていますか。記号を○でかこみましょう。（20点）

ア [2]だん落の内容《ないよう》をまとめている。

イ [2]だん落とは別《べつ》の話題をのべている。

ウ [2]だん落を受けて説明を加《くわ》えている。

2 次の文章を読んで、問題に答えましょう。

1 なれずしは、魚をほぞんする方《ほう》法《ほう》のひとつです。生の魚は、そのままではすぐにくさって、食べられなくなってしまいます。そのため、塩《しお》づけにしたり、かんそうさせたりしてほぞんしますが、このとき、魚を塩といっしょにごはんにつけこんだのがなれずしなのです。

2 なれずしは、東南アジアから中《ちゅう》国《ごく》へ、そして、朝鮮《ちょうせん》半島、日本へと伝《つた》わりました。日本には、いな作とともにもたらされたといわれています。

3 すしがいな作とともに日本に伝えられたとすると、日本では二〇〇〇年以上《いじょう》も前からすしが食べられていたことになります。

〈「日本全国さまざまなすし」『すしから見る日本』〈文研出版〉より〉

一つ10点〔50点〕

① 「なれずし」とは、どのようなものですか。

・魚を（　　　　）といっしょにごはんに（　　　　）もの。

② 「なれずし」がどこから伝わったかが書かれているのは、どのだん落ですか。

（　　　　）だん落

③ 「なれずし」は、㋐何とともに日本に伝わりましたか。また、㋑そのことから、どのようなことが言えますか。

㋐（　　　　）

㋑ 日本では、すしが（　　　　）から食べられていた。

2だん落の終わりと3だん落の説明《せつめい》を読もう。

クイズ

1で、すしのはじまりは、何かな？

① 日本のなれずし　② 中国のなれずし　③ 東南アジアのなれずし

答え ▶ 93ページ

31 説明文［標じゅん］

だん落の関係《かんけい》をつかもう③

目標《もくひょう》 10分

月　日

とく点　　点

1 次の文章を読んで、問題に答えましょう。【50点】

1古代のすしについて、文字の記《き》録《ろく》が残《のこ》されているのは奈《な》良《ら》時代からです。このころは東南アジアのなれずしのように、魚・塩《しお》・米を長期間つけこみ、米は食べずに魚だけを食べていたようです。

2室町《むろまち》時代になると、それまで食べずにすてていた米を食べる「なまなれ」が登場しました。

3さらに江戸《えど》時代になると、すしのつくり方は大きく変化《へんか》します。魚や米をつけこむかわりに、すを使ってつくる「早《はや》ずし」が考え出されたのです。すを使う発想はすしの世界にかく命をもたらし、その後、にぎりずしやいなりずし、まきずしなど、たくさんの新しいすしが登場しました。

（「日本全国さまざまなすし」『すしから見る日本』〈文研出版〉より）

① 次のすしは、どのようなものですか。一つ15点(30点)

㋐ なまなれ
なれずしのすてていた（　　　　）もの。

㋑ 早ずし
（　　　　）つくるもの。

② 1～3だん落の説明《せつめい》の流れは、どうなっていますか。記号を○でかこみましょう。(20点)

ア 1・2だん落ですしの伝《つた》わり方を説明し、3だん落でまとめている。

イ 1～3だん落で、すしのうつり変《か》わりを順《じゅん》に説明している。

ウ 1～3だん落で、すしの作り方を説明している。

2 次の文章を読んで、問題に答えましょう。

①早《はや》ずしの登場によって、全国にさまざまな形のすしが広まるなか、江戸《えど》のまちで生まれた「にぎりずし」は、すしのれきしをぬりかえる一大ブームをまき起こしました。

②にぎりずしが商品として売り出されたのは一八二〇年ごろ、考えたのは華屋与兵衛《はなやよへえ》だといわれています。

③にぎりずしがたん生する前、江戸のすしの主流は「箱《はこ》ずし」でした。箱ずしとは、すし飯《めし》の上に魚をのせて箱につめ、重石《おもし》でおしてつくるすしです。与兵衛は、すしをつくる手順《てじゅん》から「箱につめておす」部分を省《はぶ》き、にぎってすぐに食べられるつくり方に改《あらた》めたのです。箱ずしより手早くつくれて、また、魚も新せんなうちに食べられるこのすしは、当時「にぎり早づけ」とよばれ、またたく間にひょうばんとなりました。

（「日本全国さまざまなすし」『すしから見る日本』〈文研出版〉より）

【50点】

① 華屋与兵衛は、「にぎりずし」を、どのようにしてあみ出しましたか。（15点）

・箱ずしをつくる手順から、（　　　　）部分を省いた。

② 「にぎりずし」のよい点は、どんなところですか。記号を〇でかこみましょう。（15点）

ア 早くつくれて、長持ちするところ。

イ だれにでもつくれて、おいしいところ。

ウ 手早くつくれて、すぐに食べられるところ。

③ ①～③だん落を㋐話題と㋑説明《せつめい》のだん落に分けて、番号で答えましょう。答えは一つとはかぎりません。

全部できて一つ10点（20点）

㋐（　　）

㋑（　　）

話題は「にぎりずし」だよね。

クイズ

①で、奈良《なら》時代のなれずしは、どのような食べ方をしたのだろう？

① 魚だけを食べた　② 米だけを食べた　③ 米も魚も食べた

答え ▶ 94ページ

32 かくにんテスト④

名前

目標《もくひょう》 15分

月　日

とく点　　点

1 次の文章を読んで、問題に答えましょう。【50点】

[1]「ゆびきりげんまん、うそついたら、はり千本飲ーます!」

[2] 約束《やくそく》をする二人が、おたがいの小指をからませて歌うゆびきりの歌。友だちやお父さん、お母さんと歌ったことがある人もいることでしょう。

[3]「ゆびきり」という言葉は、どこから来たのでしょうか。

[4] 昔は、約束を守ることの印《しるし》として、ほんとうに、指を切ることがあったのです。㋐小指の先を切って「あなたとの約束を守ります」という印にしていたという話が残《のこ》っています。㋑もっとも、指を切るのはとてもいたいことなので、にせ物の指をわたす人もいたそうですが。

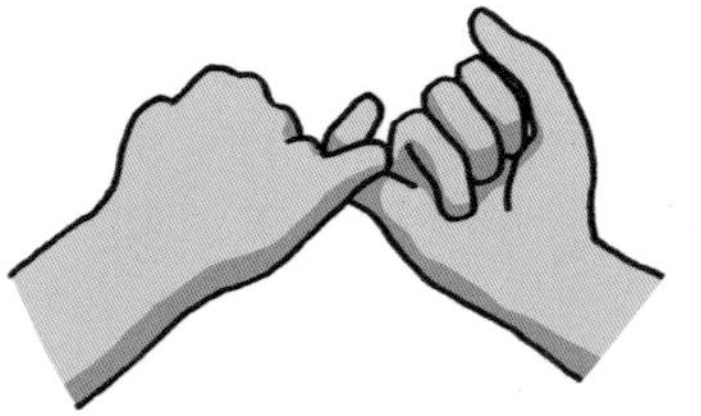

（「約束するとき、どうして『ゆびきりげんまん』というの?」『なぜ? どうして? 身近なぎもん4年生』〈学研プラス〉より）

① 問いかける形で、文章の話題をしめしているのは、どのだん落ですか。だん落番号で答えましょう。（15点）

（　　）だん落

② ㋐「小指の先」を切ることには、どのような意味がありましたか。文章中の九字の言葉で書きましょう。（20点）

③ ㋑「もっとも」と同じ働《はたら》きをするつなぎ言葉を次から選《えら》んで、記号を○でかこみましょう。（15点）

ア　さらに

イ　ただし

ウ　だから

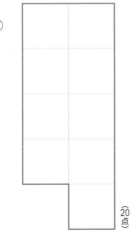

2 次の文章を読んで、問題に答えましょう。 【50点】

[1]「げんまん」は、漢字で「拳《げん》万《まん》」と書きます。拳は、にぎりこぶしのこと。つまり、「約束《やくそく》をやぶったら、げんこつで一万回なぐりますよ。」という意味です。「はり千本」も同じで、「いたいはりを千本飲ませますよ。」ということです。

[2]海外にもゆびきりの習慣《しゅうかん》はあります。アメリカや中国などは、日本と同じように小指と小指をからませるやり方。韓国《かんこく》では、小指をからませながら、おたがいの親指をハンコのように合わせるやり方もあるそうです。ただ、ゆびきりの歌に「げんまん」や「はり千本」が出てくるのは、日本だけのようです。

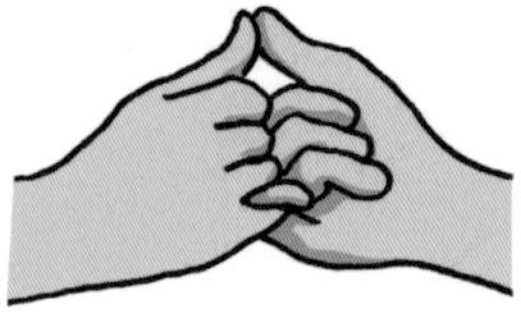

[3]相手にいたい思いをさせることは、もちろんいけないことですが、約束は、それだけ大切なものですよという意味が、こめられているのです。あなたは約束を、ちゃんと守っていますか。

（「約束するとき、どうして『ゆびきりげんまん』というの？」『なぜ？ どうして？ 身近なぎもん4年生』〈学研プラス〉より）

① [1]だん落では、何について説明《せつめい》していますか。それぞれ四字で書きましょう。 〔一つ10点〕(20点)

・□□□□ と □□□□ の意味。

② 海外のゆびきりについて、文章中の説明に合うものの記号を○でかこみましょう。 (10点)

ア 中国では、日本とやり方がちがっている。

イ アメリカでは、歌に「はり千本」が出てくる。

ウ 韓国では、二本の指を使ったやり方もある。

書く力

③ [3]だん落の要点《ようてん》を、次の言葉に続《つづ》けて書きましょう。 (20点)

・ゆびきりの歌には、

答え ▶ 94ページ

33

詩［きほん］

情景《じょうけい》を思いうかべよう①

目標《もくひょう》 10分

月　日

とく点　　点

1 次の詩を読んで、問題に答えましょう。

朝のあいさつ

ぼくがげん関《かん》を出ると、
となりのおじさんも出てくる。
相談したわけじゃないのに、
なんだか毎日、同じ時間。
「おはようございます。」
「おはよう。」
ひんやりした空気の中、
心が□温かくなる。

一つ10点【20点】

① 「ぼくがげん関を出る」とき、外はどんな様子ですか。

・空気が（　　　　）している。

② □に合う言葉を次から一つ選《えら》んで、記号を○でかこみましょう。

ア どきどき　　イ ざわざわ

ウ ぽかぽか

「温かくなる」からわかるね。

2 次の詩を読んで、問題に答えましょう。

飛行機《ひこうき》

びゅーんと走りぬける。
ふわっとうき上がる。
どんどん家が小さくなる。
みるみる空に近づいていく。
ぐんぐん雲をつきぬけていく。
青い世界に、わたしがいる。

一つ15点【30点】

① 「空」と同じ意味を表す四字の言葉を書きましょう。

□□□□

② 飛行機が地上をはなれたしゅん間の様子をえがいている一行をさがし、——を引きましょう。

3 次の詩を読んで、問題に答えましょう。

アサガオ
まど・みちお

りょうてのひらで
㋐ふうわりと
つつんでみたくなる
この　かわいい　はなが
アサガオです

たったいま
この　ちきゅうに
ついたばかりの
ほやほやの
あさの　かおです

まだ
うちゅうの　におい
ぷんぷんの
㋑きょうの　はじまりの
かおです

（まど・みちお『メロンのじかん』〈理論社〉より）

一つ10点【50点】

① 「㋐ふうわりと」と同じように、様子を表す五字の言葉を二つ書きましょう。

② 「㋑きょうの　はじまり」とにた意味を表す二字の言葉を書きましょう。

③ この詩で、作者はアサガオをどんな花としてえがいていますか。

（　　　）から（　　　）へやってきて、一日のはじまりをつげる花。

クイズ

2の詩で、「わたし」は、どこにいるのかな？

① 家の中　② 高い山の上　③ 飛行機《ひこうき》の中

答え ▶ 94ページ

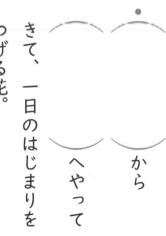

34

詩［標じゅん］

情景《じょうけい》を思いうかべよう②

目標《もくひょう》 10分

月　日

とく点

点

1 次の詩を読んで、問題に答えましょう。

夕やけ

岡安《おかやす》　信幸《のぶゆき》

「きれいね」
(ア)豆腐屋《とうふや》さんのおばさんが
エプロンで手をふきながら言った
「いいね」
八百屋《やおや》さんも
空を見た

夕やけのなかからはじけた
たねみたいな飛行機《ひこうき》が
(イ)金色にかがやく飛行機雲を
引いている

（伊藤英治 編『元気がでる詩４年生』〈理論社〉より）

［50点］

① (ア)「豆腐屋さんのおばさん」は、何を見て感動していますか。三字で書きましょう。（10点）

・□□□の空。

② 飛行機を、他のどんなものにたとえていますか。二字で書きましょう。（10点）

□□

③ (イ)「金色にかがやく」のは、なぜですか。漢字二字の言葉を考えて書きましょう。（15点）

・飛行機雲が□□に照《て》らされているから。

④ 詩から感じられるものの記号を○でかこみましょう。（15点）

ア　情景《じょうけい》の色《しき》さいの美しさ。
イ　詩の中の人物の力強さ。
ウ　音読のリズムの楽しさ。

2 次の詩を読んで、問題に答えましょう。

【50点】

水平線

小泉《こいずみ》　周二《しゅうじ》

水平線がある
一直線にある
㋐ゆれているはずなのに
一直線にある

水平線がある
はっきりとある
空とはちがうぞと
□ある

水平線がある
どこまでもある
㋑ほんとうの強さみたいに
どこまでもある

（小泉周二『海　小泉周二詩集』〈かど創房〉より）

① ㋐「ゆれているはず」なのは、なぜですか。記号を○でかこみましょう。（15点）

ア　空には、空気の流れがあるから。

イ　海面は、波で動いているから。

ウ　人間の目は、つねに動いているから。

② □に合う言葉を五字で書きましょう。（15点）

同じ言葉のくり返しだよね。

③ ㋑「ほんとうの強さみたいに／どこまでもある」とは、どういうことですか。　一つ10点（20点）

（　　　　）がずっと（　　　　）ということ。

クイズ

1の詩で、八百屋《やおや》さんが言った言葉は、次のうちのどれだろう？

①きれいね　②すてきだね　③いいね

答え ▶ 94ページ

35

詩［きほん］

表現《ひょうげん》のくふうをつかもう①

目標《もくひょう》 10分

月　日

とく点

点

1 次の詩を読んで、問題に答えましょう。

お母さん

いつもはやさしいのに、
ときどききびしくなる。
いつもは笑《わら》っているのに、
ときどき角が生える。
［1］大好《だいす》きなのに、
［2］大きらいになる。
でも、気がつくと、
いつもお母さんのそばにいる。

◎ この詩では、同じ言葉を□くり返しています。1・2にあてはまる言葉をそれぞれ書きましょう。　一つ15点【30点】

1（　　　）

2（　　　）

同じリズムで、くり返しているよ。

2 次の詩を読んで、問題に答えましょう。

ハムスター

新しい二ひきのハムスター。
回し車が大好きで、
とても元気ないたずらっ子たち。
でも、わたし、わすれてないよ。
前の二ひきのハムスター。
お昼ねが大好きだった、
とてもかわいいのんびり屋たち。

◎ 新しい二ひきのハムスターを「いたずらっ子たち」と言っているのに対して、前の二ひきのハムスターを何と言っていますか。七字で書きましょう。【20点】

3 次の詩を読んで、問題に答えましょう。 〔50点〕

忘《わす》れもの

高田《たかだ》 敏子《としこ》

第一連《だいいちれん》

入道雲にのって
夏休みはいってしまった
「サヨナラ」のかわりに
素晴《すば》らしい夕立《ゆうだち》をふりまいて

第二連

けさ　空はまっさお
木々の葉の一枚《いちまい》一枚が
あたらしい光とあいさつを
かわしている

第三連

だがキミ！　夏休みよ
もう一度　もどってこないかな
忘れものをとりにさ

第四連

迷子《まいご》のセミ
さびしそうな麦わら帽子《ぼうし》
それから　ぼくの耳に
くっついて離《はな》れない波の音

（高田敏子『高田敏子全詩集』〈花神社〉より）

① 第一連は、ふつうと変《か》えてあります。言葉の順序《じゅんじょ》をふつうの順序に直したとき、終わりにくる行に——を引きましょう。 〔15点〕

② 第二連の特《とく》ちょう的《てき》な表現《ひょうげん》のくふうを次から一つ選《えら》んで、記号を○でかこみましょう。 〔20点〕

ア　人間でないものを、人間に見立てている。
イ　同じ言葉をくり返している。
ウ　よびかける形で書いている。

③ 「忘れもの」とは、具体《ぐたい》的《てき》には何ですか。五字《ごじ》以内《いない》で三つ書きましょう。 一つ5点〔15点〕

クイズ

3の詩で、作者はだれ（何）かによびかけているよ。それはだれ（何）にかな？

① 入道雲　② 夏休み　③ 麦わら帽子

答え ▶ 95ページ

36

詩［標じゅん］

表現《ひょうげん》のくふうをつかもう②

目標《もくひょう》 10分

月　日

とく点　点

1 次の詩を読んで、問題に答えましょう。【50点】

難破船《なんぱせん》

土田《つちだ》　明子《あきこ》

こいで
こいで
ブランコで
会社から帰る　母さんを
待っていると
ポッ　と
街灯《がいとう》が青白くともった

遊園地は
難破船《なんぱせん》だ
すべり台は　折《お》れたマスト
落葉《おちば》の波がさわぐと
むかいの家の
おしめの旗《はた》はとりこまれた

がんばっているのは
ぼくだけだ

〈伊藤英治 編『元気がでる詩4年生』〈理論社〉より〉

① この詩の時間は、一日のうちのいつか、それがわかる二行に——を引きましょう。（15点）

② 　　の表現《ひょうげん》は、どういうことを表していますか。記号を○でかこみましょう。（15点）

ア 遊園地のブランコやすべり台が古いこと。

イ 遊園地が「ぼく」のひみつの遊び場であること。

ウ 遊園地に「ぼく」が取り残《のこ》されたようにいること。

③ 「がんばっている」とは、どういうことですか。詩の中の言葉で答えましょう。 一つ10点（20点）

・（　　　）の帰りを、（　　　）しかいない遊園地で待っている。

2 次の詩を読んで、問題に答えましょう。【50点】

みえる

工藤《くどう》 直子《なおこ》

ナスもトマトも机《つくえ》もペンも
みな元気でやっているような
朝がある

風景《ふうけい》が透《す》きとおり
ナスやトマトや机やペンが
みえすぎる朝である

みえすぎて
驚《おどろ》いてとびのく朝である

ものたちはおそらく太古から
＊あたりきのように鮮《あざ》やかなのであって
わたしは　ひょっとして今まで
目を閉《と》じつづけていたのではなかろうか
と思われる朝である

＊あたりき…あたりまえ。当然《とうぜん》。

〈伊藤英治 編『元気がでる詩4年生』〈理論社〉より〉

① この詩は、いくつの連《れん》（まとまり）からできていますか。漢数字で答えましょう。（10点）

（　　　）連

② この詩でくり返されている四字の言葉を書きましょう。（10点）

□□□□

③ ▢は、作者のどんな気持ちを表していますか。記号を○でかこみましょう。（15点）

ア 幸せ　イ おどろき　ウ 不思議《ふしぎ》さ

④ この詩は、どのように音読すればよいですか。記号を○でかこみましょう。（15点）

ア ゆっくり落ち着いて。
イ やさしく話すように。
ウ 生き生きと力強く。

すがすがしい朝の様子がえがかれているよ。

1の詩で、「遊園地は／難破船《なんぱせん》だ」というたとえと関係《かんけい》のないものは、次のどれ？

①波　②旗《はた》　③家

答え ▶ 95ページ

37 かくにんテスト⑤

名前

目標《もくひょう》 15分

月　日

とく点

点

1 次の詩を読んで、問題に答えましょう。【50点】

よかったなあ　　まど・みちお

よかったなあ　草や木が
ぼくらの　まわりに　いてくれて
目のさめる　みどりの葉っぱ
美しいものの代表　花
かぐわしい実*

よかったなあ　草や木が
何おく　何ちょう
もっと数かぎりなく　いてくれて
どの　ひとつひとつも
みんな　めいめいに違《ちが》っていてくれて

よかったなあ　草や木が
どんなところにも　いてくれて
鳥や　けものや　虫や　人
何が訪《たず》ねるのをでも
そこに動かないで　待っていてくれて

ああ　よかったなあ　草や木がいつも
雨に洗《あら》われ
風にみがかれ
太陽にかがやいて　きらきらと

＊かぐわしい…かおりがよい。

〈まど・みちお『まど・みちお全詩集』〈理論社〉より〉

① 初《はじ》めの二行（「よかったなあ……／いてくれて」）は、言葉の順序《じゅんじょ》をふつうと変《か》えてあります。ふつうの順序に直したとき、終わりにくる言葉に――を引きましょう。（15点）

② 「いてくれて」という表《ひょう》現《げん》には、作者のどんな思いがこめられていますか。記号を○でかこみましょう。（15点）

ア　感謝《かんしゃ》　イ　希望《きぼう》

ウ　安心

③ 作者が「よかったなあ」をくり返したのは、なぜですか。記号を○でかこみましょう。（20点）

ア　題名を目立たせるため。

イ　「よかった」と思う自分の気持ちを強調するため。

ウ　多くの人がそう思っていることを伝《つた》えるため。

2 次の詩を読んで、問題に答えましょう。 【50点】

タネつぶ

本郷《ほんごう》 健一《けんいち》

おや？ タネつぶだ
どこから紛《まぎ》れ込《こ》んだのだろう
文の句《く》ぎりの
点のように
用紙の上に のっている

白い花にひらく
のだろうか
やさしいハートの葉になる
のだろうか
ぐんぐんとのびるつるになる
のだろうか
それとも
大きな木になって
実をつけ トリたちを
よびよせる
のだろうか

希望《きぼう》を 抱《いだ》いて
今にも
未来《みらい》へ 旅立てる
かたちで

〈伊藤英治 編『元気がでる詩4年生』〈理論社〉より〉

① ［　　］から、「タネつぶ」のどんなことがわかりますか。記号を○でかこみましょう。 (10点)

ア とても目立つこと。
イ とても多くあること。
ウ とても小さいこと。

② 作者が想像《そうぞう》している「タネつぶ」の成長《せいちょう》したすがたを、二字以内《いない》で四つ書きましょう。 一つ5点(20点)

［　　］・［　　］
［　　］・［　　］

③ 作者は、「タネつぶ」に対して、どんなことを感じていますか。 一つ10点(20点)

・（　　　）を抱いて、
（　　　）へ旅立とうと
しているということ。

答え ▶ 95ページ

38 まとめテスト①

名前

目標《もくひょう》 15分

月　日

とく点　　点

1 次の文章を読んで、問題に答えましょう。【50点】

人間の子どもたちのために、昨日《きのう》一日じゅう、ほえ続《つづ》けたライオンは、声が出なくなりました。しかし、今日も子どもたちが動物園にやってきました。

まずいなあ。ファホーッでもいいから、ほえてみせないといけないんじゃないじゃろうか。でも、ファホーッじゃあ、子どもたちは、がっかりするじゃろうな。それに、ライオンがファホーッてほえるもんだなんて思われてもこまるし。

ライオンはそんなことを考えながら、じっと目をつぶっていました。そのときです。すぐとなりのおりから、

「ガオーッ。」

という大きな声が聞こえました。

子どもたちは、いっせいにそちらに走ります。

「わっ！ ヒョウだ、クロヒョウだ！」

「すっごいな。大きな口！」

「見てみなよ。すごいきばだ。」

〈斉藤洋『どうぶつえんのいっしゅうかん』〈講談社〉より〉

① この日、ライオンは、どうしていましたか。（10点）

・考えごとをしながら、（　　　　）いた。

② □の部分の文章は、何を表していますか。記号を○でかこみましょう。（15点）

ア 会話

イ 引用

ウ 思ったこと

③ 何が「ガオーッ。」と、ほえたのですか。（10点）

（　　　　）

④ 上の文章を二つに分けるとすると、どこで分けられますか。後半の初《はじ》めの四字を書きましょう。（15点）

□□□□

2 次の文章を読んで、問題に答えましょう。【50点】

子どもたちがいなくなると、クロヒョウは、「今日は、代わりにほえるけど、声が治《なお》ったら、ライオンさんがやってくれよ。」と、ライオンにぼそりと声をかけました。

「……それにおれは、こういうのは、好《す》きじゃないんだから。」

クロヒョウは、そう言うと、ごろりとねっ転がりました。おこっているような言い方でしたが、本当は、照《て》れくさかったのです。

「すまんなあ。それじゃあ、今日一日だけ、おねがいするよ。」

ライオンは、ともかくひと安心しました。子どもたちをがっかりさせずにすんだからです。

□、ライオンは、アちょっと気になりました。

クロヒョウが動物たちの王様だなんて、子どもたちに思われたりしないだろうかと、心配だったのです。そして、あしたからは、イやっぱり自分ががんばらなくちゃと思い、ウのっそりと立ち上がると、すみっこにある水飲み場に行き、ガラガラと、大きな音を立てて、うがいをしました。

（斉藤洋『どうぶつえんのいっしゅうかん』〈講談社〉より）

① □と言ったとき、クロヒョウは、本当はどんな気持ちでしたか。七字で書きましょう。（10点）

② 「ひと安心」したのは、なぜですか。その理由にあたる一文をさがし、初《はじ》めの四字を書きましょう。（10点）

③ □に合う言葉を次から一つ選《えら》んで、記号を○でかこみましょう。（15点）

ア でも　イ だから　ウ なぜなら

④ ――ア〜ウのうち、音読するときに、特《とく》に強く読むとよいところは、どこですか。一つ選んで、記号を書きましょう。（15点）

答え ▶ 95ページ

39

まとめテスト②

名前

目標《もくひょう》 15分

月　日

とく点　　点

1 次の文章を読んで、問題に答えましょう。

「ボケちゃったおばあちゃん＊を、うちで、めんどうみるなんて、むりだ」

お父さんのことばに、お母さんがいいかえしました。

「だいじょうぶ。うちにはわたしのほかに三人の子どもがいるのよ。みんなでたすけあえば、なんとかなるわ。ほら、そのおせんべのかんばんたてるときだって、わたしたちがお金もないしって、なやんでいたら、おばあちゃん、へそくりだしてくれて……。三人の子どもたちをここまで育てられたのも、おばあちゃんのおかげなのよ」

お父さんが、まどの手すりにすわって、まるくて大きな、一年生の道《みち》彦《ひこ》が「お月さまみたい」といった、おせんべのかんばんを見ました。

「なんとかなるって」

お母さんが、お父さんのかたをバシーンとたたきました。

＊おばあちゃん…ここでは、お父さんの母親。

（上條さなえ「おせんべ　焼けたかな」『心にしみるお母さんの話　4年生』〈ポプラ社〉より）

一つ20点【40点】

① 「なんとかなるって」の前に言葉をおぎなうとしたら、どんな言葉が入りますか。文章中の十一字の言葉で書きましょう。（句読点《くとうてん》も字数にふくみます。）

② お母さんは、どんなせいかくの人だと考えられますか。次から一つ選《えら》んで、記号を〇でかこみましょう。

ア　何でも思いどおりにしなくては気のすまない、自分勝手な人。

イ　物事をしんちょうに考える、物静《ものしず》かな人。

ウ　物事を前向きに考える、明るく行動的《こうどうてき》な人。

2 次の文章を読んで、問題に答えましょう。 〔60点〕

おばあちゃんは、やよいたちの家にうつってきて、くらしています。ある日、「*おせんべ、焼《や》けたかな」の遊びをお母さんとおばあちゃん、三人の子どもたちでやることになりました。

やよいが、うたいはじめました。

「お・せ・ん・べ」

うたにあわせて、やよいの手が、みんなの手にかさねられていきました。

「や・け・た・か・な」

やよいの手が、お母さんの手にかさねられました。

お母さんのつぎにすわっているのは、おばあちゃんです。

おばあちゃんのほっそりした手に、やよいのぷっくりした手が、かさねられました。どちらもあたたかな手でした。

やよいの手を見て、おばあちゃんが「ふっ」とわらいました。

やよいは、きょうのお母さんの手とおばあちゃんの手のぬくもりを、ずっと、ずっと、ずっと、わすれないと思いました。

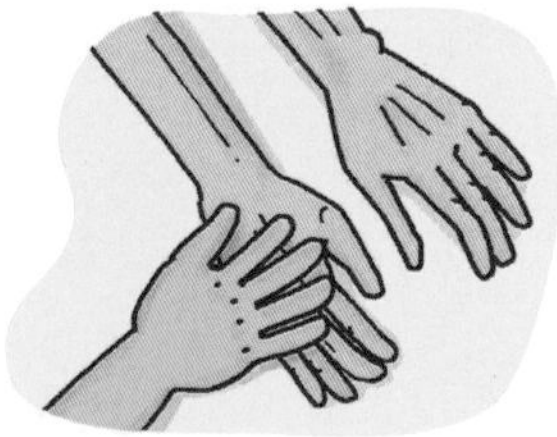

（上條さなえ「おせんべ　焼けたかな」『心にしみるお母さんの話　4年生』〈ポプラ社〉より）

① おばあちゃんの手は、どんな手ですか。 一つ10点（20点）

（　　　　）して、（　　　　）手。

② おばあちゃんも楽しんでいることがよくわかる一文をさがし、初《はじ》めの六字を書きましょう。（20点）

③ この遊びで、おたがいの何を感じ取ったり、伝《つた》え合ったりすることができましたか。六字で書きましょう。（20点）

＊「おせんべ、焼けたかな」では数人で輪《わ》になり、手のこうを上にして前に差《さ》し出します。一人が「お・せ・ん・べ、や・け・た・か・な」とうたいながら、手を順《じゅん》にみんなの手に重ねていき、「な」で当たった人の手をうらに返します。早く両手が返った人が勝ちです。

答え ▶ 96ページ

40 まとめテスト③

名前

目標《もくひょう》 15分

月　日

とく点　　点

1 次の文章を読んで、問題に答えましょう。【50点】

　与《よ》兵衛《へえ》が売り出した「にぎり早《はや》づけ」は、いつしか「江戸前《えどまえ》ずし」「江戸ずし」とよばれるようになりました。

「江戸で生まれたにぎりずし」「江戸前（江戸の前に広がる海。げんざいの東京わんのあたり）でとれた魚かいでつくるすし」を意味したよび名です。

　げんざいのように、冷《れい》ぞうや冷とうのぎじゅつなどない江戸時代ですから、いくら江戸前の材料《ざいりょう》といっても、生のさしみでは、すぐに悪くなってしまいます。しょうゆにつけこむ「ヅケ」にしたり、塩《しお》やすにつけたり、ゆでたり、あぶったり、にたりして、魚かい類《るい》を日もちさせ、おいしく食べるくふうをしていました。すし一つの大きさも今より大きく、２～３倍あったといいます。

（「日本全国さまざまなすし」『すしから見る日本』〈文研出版〉より）

① 「江戸前ずし」「江戸ずし」には、どのような意味がありますか。それをまとめた次の（　）に合う言葉を書きましょう。　一つ10点（20点）

・江戸で（　　　　）、江戸前で（　　　　）でつくるすし、という意味。

② すしのくふうが書かれた一文の、初《はじ》めの五字を書きましょう。（15点）

③ 江戸時代のすしは、今のすしにくらべて、どれくらいの大きさでしたか。（15点）

（　　　　）

2 次の文章を読んで、問題に答えましょう。

①もともと、江戸《えど》という一部の地いきで食べられていたにぎりずしは、明治《めいじ》時代以《い》こう、全国に広まっていくことになります。

②まず、明治政府《せいふ》が、東京の文化を全国に広める政さくを打ち出したことで、「にぎりずし」のそんざいがさまざまな地いきに伝《つた》えられました。また、関東大《かんとうだい》しん災《さい》や太平洋戦争《たいへいようせんそう》などの災害《さいがい》ですし職人《しょくにん》が東京から地方にうつり、その地で店を開いたことも、にぎりずしをふきゅうさせるきっかけとなりました。

③［　　］戦後、食りょう難《なん》が続《つづ》くなかで政府が飲食店の営業《えいぎょう》を禁止《きんし》する制度《せいど》を発表します。ところが、東京のすし組合が「＊委《い》たく加工《かこう》」という方法《ほうほう》で、すし店を営業することをみとめさせたのです。これが、にぎりずしが全国に広まる、決定的《けっていてき》なできごとになりました。

＊委たく加工…お客が持ってくる米と「にぎりずし」を交かんすること。これは、お客にたのまれて米を加工するのであり、営業ではないとした。

（「日本全国さまざまなすし」『すしから見る日本』〈文研出版〉より）

一つ10点【50点】

① この文章の話題がのべられているだん落の番号と、話題の内容《ないよう》を答えましょう。

・（　　　）だん落

・明治時代以こうの（　　　）の広まり。

② ［　］に合う言葉を次から一つ選《えら》んで、記号を○でかこみましょう。

ア　しかし

イ　だから

ウ　さらに

③ 「これ」とは、どんなことを指していますか。

・戦後、政府が飲食店の（　　　）したとき、東京のすし組合が（　　　）によって、すし店の営業をみとめさせたこと。

答え ▶ 96ページ

41 まとめテスト④

名前

目標《もくひょう》 15分

月　日

とく点　　点

1 次の詩を読んで、問題に答えましょう。【50点】

みず

こやま　峰子《みねこ》

まるいコップに
そそがれれば
まるく

しかくいますに
つがれれば
しかく

へんげんじざい

ひかりにあたれば
きらっ　きらっ
と
こたえる
よろこびに
うちふるえながら

（こやま峰子『こやま峰子詩集　ことばのたしざん』〈朔北社〉より）

① 「へんげんじざい」とありますが、この詩ではどういう意味ですか。次の□に合う言葉を、それぞれ漢字一字で書きましょう。

・入れる容器《ようき》に合わせて、　一つ15点(30点)

□がすばやく

□を変《か》えること。

② この詩で用いられているいろいろな表現《ひょうげん》のくふうで、あてはまらないものを次から一つ選《えら》んで、記号を○でかこみましょう。(20点)

ア　人でないものを、人に見立てている。

イ　よびかける形で書いている。

ウ　言葉の順序《じゅんじょ》をふつうと変えている。

2 次の詩を読んで、問題に答えましょう。

みあげれば宇宙《うちゅう》　くどう　なおこ

銀河《ぎんが》の　すみっこで
地球が　ぽちっと　遊んでいた
太陽のまわりを　ぐるりぐるりと
でんぐりがえりしていた

地球のうえの　いきものたちも
いっしょに　でんぐりがえりして
あくびしたり　眠《ねむ》ったりしていた

銀河は　地球を　だっこして
ゆっくり　散歩《さんぽ》している
散歩しながら　となりの銀河に
あいさつしたりしている
そんな　たくさんの銀河を　みまもりながら
宇宙が　ふっくらしている

ふっくらの　宇宙のなかの
たくさんの　銀河のなかの
たくさんの　星たちのなかの
まんまるい　地球

ごらん　きょうも
まんまるい地球のうえで
たくさんの　いきものたちが
でんぐりがえりをしながら
星を　みあげているよ

〈くどうなおこ『くどうなおこ詩集◯』〈童話屋〉より〉

〔50点〕

① 「宇宙が　ふっくらしている」とは、どんな様子を表していますか。記号を○でかこみましょう。〔20点〕

ア　中につめこめるだけつめこんでいる。
イ　大切なものを包《つつ》みこんで、ふくらんでいる。
ウ　ふわふわと空にうかんでいる。

② この詩で作者が言いたかったことを二つ選《えら》んで、記号を○でかこみましょう。一つ15点〔30点〕

ア　大きな宇宙から見れば、人間はあまりにも小さい。
イ　地球は、わたしたちが考えている以上《いじょう》に大きい。
ウ　宇宙は、たくさんの銀河や星で、もう満《まん》ぱいだ。
エ　人間は、地球のいきものたちとともに生きている。
オ　宇宙をみあげ、ゆめをもって生きていこう。

答え ▶ 96ページ

答えとアドバイス

▼まちがえた問題は、もう一度やり直しましょう。
▼アドバイスを読んで、参考《さんこう》にしてください。

1 場面の様子を読み取ろう① 5～6ページ

1 目もくれかけて

2 ①とぼとぼ ②(古ぼけた)人形 ③目を丸くした

3 イ

4 ①(まるで)生きている(かの) ②おもちゃの街

クイズ ②

アドバイス

2 ③「目を丸くする」は、「びっくりして目を大きく開く。」という意味です。

3 「息をのむ」は、「びっくりして息を止める。」という意味です。

4 ②たけしは、いったいどこにいるのでしょう。たけしの言葉に注目。

2 場面の様子を読み取ろう② 7～8ページ

1 ①(くまの)ぬいぐるみ ②一目散に

2 ①寒々と ②すてられた

3 ①では、これから自分はどうしたらいいのだろう。 ②ウ

4 ①そっと ②ア

クイズ ③

アドバイス

3 ②直前に「一つの考えがうかんだ。」とあるので、たけしの頭にうかんだ考え、つまり、思ったことに「　」が付《つ》いているのだとわかります。

4 ②□の前後の文は、たけしの行動が順《じゅん》に書いてあるので、「引き続《つづ》いて」という意味のつなぎ言葉が入ります。

3 場面の様子を読み取ろう③ 9～10ページ

1 ①首 ②ア ③大のます…二はい　中のます…一ぱい　小のます…一ぱい

2 ①イ ②ア

クイズ ①

アドバイス

1 ①これでいいのかなあ、という様子です。二はいはかったあと、「母さんは、たしか……」と言っています。「首をかしげる」は、わからなくてまよう様子を表す言葉です。

2 ①「背中《せなか》を、～走りました。」の部分からは、本当は「ぼく」もこわいことが読み取れます。しかし、弟をこわがらせまいと強がっているのです。
②「あんぐりと」は、何も言えなくなるほどびっくりして、口を大きく開ける様子です。

4 場面の様子を読み取ろう④ 11～12ページ

1 ①母さんが ②おかゆ・半にえ ③例 柱のかげで小さくなっていた。

2 ①うれしい失敗 ②息がつまる ③目を赤くして

クイズ ②

アドバイス

1 ①家の中のふんい気が、それまでとは変《か》わっている一文をさがしましょう。やっと両親が帰ってきて安心したため、家の中があたたかくなったように感じられたのです。

5 場面のうつり変わりを読み取ろう① 13～14ページ

1 足の調子・(きょうりゅうの)ロボット

2 ア

3 「おい、

4 ①(きょうりゅうの)ロボット
②気がつく

クイズ ②

アドバイス

2 「足の付《つ》け根のねじ」をしめるだけで、かん単《たん》に直せると思って言った言葉です。ところが、たけしは、犬のロボットの中にいて、「うまくいかない」というわけです。

3 たけしが犬のロボットから出て、ねじをしめ直している場面と、おもちゃたちが、人間がいることに気づいておしよせてきた場面とに分けられます。

4 ②時間の流れに注意して、場面のうつり変《か》わりを読み取りましょう。ロボットがさけんでいる場面（おもちゃの街《まち》）と、たけしがベンチに横になっている場面（現実《げんじつ》）とに分けられます。

6 場面のうつり変わりを読み取ろう② 15～16ページ

1 ①ウ ②(ろうかを)走る ③ウ

2 ①てん望台の中
②例 ピーターのTシャツを引っぱった。
③上の方か

クイズ ③

アドバイス

1 ②ろうかを走っているグループに言った言葉ですね。どうすることを「やめた」と考えられるでしょう。
③「(ポレポレは)ユーモアがあって、おもしろい」→「はやりだした」という、自然《しぜん》な流れの内容《ないよう》です。前のできごとに続《つづ》いて、順《じゅん》に次のできごとが起こることをしめすつなぎ言葉が入ります。

2 ①「……ような」は、たとえの表現《ひょうげん》に使われる言い方です。
③「ぼく」とピーターのほかに、もう一人いることが読み取れる一文をさがしましょう。「女の子」に注目しましょう。

7 場面のうつり変わりを読み取ろう③ 17～18ページ

1 ①ア ②早口で ③いずみの気

2 ①いずみは ②イ ③ア

クイズ ①

アドバイス

1 ①いずみはずっと一人でらせん階だんの上にいて不安《ふあん》だったのです。ピーターを見ると飛《と》びついて、「こわかった、こわかったー」と言ったときのいずみの気持ちを想像《そうぞう》してみましょう。
③後半の場面では、いずみがてん望台《ぼうだい》にいた理由について、会話のやりとりが書かれています。

2 ②「泣《な》きながらいずみにあやまり」とあるので、反省《はんせい》していることがわかります。

8 かくにんテスト① 19～20ページ

1 ①それなの
②例 きのう、ほえすぎたから。 ③イ

2 ①例 人間の子どもたちのために、ガオーッとほえること。
②(人間の)子どもたち
③ウ→ア→イ

アドバイス

1 ②クロヒョウが「きのう、あんなにほえるからだよ。」と、ライオンの声がよく出ない理由を言っています。

2 ①「ガオーッとほえること。」では答えとして不十分《ふじゅうぶん》です。「人間の子どもたちのために」「人間の子どもたちに向かって」などの言葉を入れてまとめます。
③クロヒョウの言葉や様子に注目して考えましょう。最後《さいご》には、ライオンに対する関心《かんしん》をなくして横になってしまいます。

9 内容を正しく読み取ろう① 21〜22ページ

1 キリン・せの高い（せが高い）

2 ア

3 ①ウ ②水を飲む

4 キリン・走ること

クイズ ②

アドバイス

3 ①「じゃまになってしまう」「おそわれたら、ひとたまりもありません」などから、せが高いことによる不都合《ふつごう》な点が書かれていることがわかります。

4 初《はじ》めのだん落に、キリンが長い時間走れない理由が書かれています。

10 内容を正しく読み取ろう② 23〜24ページ

1 ①世界じゅうのあたたかい海 ②海のギャング

2 えもの・なわばり

3 ①えものを ②内側に何重にもならんで

4 耳と鼻・（とても）発達している

クイズ ③

アドバイス

2 「……たり、……たり」という言葉に注目しましょう。

3 ①多くの場合、理由を説明《せつめい》するときには、あとの部分に「……から（……ため）」という言葉を使います。

11 内容を正しく読み取ろう③ 25〜26ページ

1 ①は虫類 ②どんな生活をしていたのか（など） ③ていねいに

2 ①草食キョウリュウ 肉食キョウリュウ〈順不同《じゅんふどう》〉

②ブラキオサウルス…ア・エ〈順不同〉

ティラノサウルス…イ・ウ〈順不同〉

クイズ ①

アドバイス

1 ③指ししめす内容《ないよう》は、前の部分にあります。どうすることで、キョウリュウの形や大きさがわかるのか、と考えましょう。

2 ①ブラキオサウルスとティラノサウルスは、二つの分類《ぶんるい》の中の代表的《だいひょうてき》な例《れい》です。

②細かい部分まで、正確《せいかく》に読み取ります。草食か肉食かをおさえましょう。

12 内容を正しく読み取ろう④ 27〜28ページ

1 ①えりかざり・（てきの）はら ②（かたい）こぶやとげ ③（かたい）ほねのかたまり

2 ①1たまご 2子ども ②イ ③植物

クイズ ②

アドバイス

1 ①「てきが近づいてくると、」以下《いか》の二文からとらえましょう。

2 ①キョウリュウの子育ての様子です。鳥やワニと同じだと考えられる理由が、次のだん落に書かれています。

②子どもと大人の化石が「いっしょの巣《す》」から発見されています。

13 だん落のつながりを読み取ろう① 29〜30ページ

1 イチョウ・カエデ〈順不同《じゅんふどう》〉

2 ①ア ②緑（色）・黄（色）

3 イ

4 ①天気の良い日中 ②ア

クイズ ①

アドバイス

2 ①「では」は、話題を変《か》えたりするときに使うつなぎ言葉で、「さて」や「ところで」などと同じ働《はたら》きをします。

4 ②[1]だん落から、葉が赤くなるじょうけん（＝日中は天気が良《よ》く、夜は気温が低《ひく》いこと）を読み取ります。

14 だん落のつながりを読み取ろう② 31～32ページ

1 ①ヒトの鼻
②上くちびる・のびた
③ウ

2 ①親のしっぽ・鼻でつかんで
②十リットル以上
③㋐手のように使う(こと)
㋑ポンプの役目

クイズ ②

アドバイス

1 ②「ほんとうに鼻でしょうか?」の問いかけに対する「答え」をさがします。

2 ①3だん落の初《はじ》めの文から、ゾウの親子の様子を読み取りましょう。
③1だん落に「まず……手のように」とあります。また、4だん落に「それからポンプの役目」とあります。

15 だん落のつながりを読み取ろう③ 33～34ページ

1 ①例 じんぞうが八つに仕切られ、分かれていること。
②海の中
③ウ

2 ①そせんの化石
②イ
③ア

クイズ ③

アドバイス

1 ②「なんだろう」と問いかけて、直後の4だん落で答えています。
③「海にすむ動物」の説明《せつめい》を受けたまとめです。ゾウについてのべた1だん落は、省《はぶ》いて考えましょう。

2 ①「それに」に注目します。ゾウが海でくらしていたことをしめすものを、さらに付《つ》け加《くわ》えています。
③2だん落では、ゾウの鼻の海の中での「大切な役目」を話題として挙《あ》げ、3だん落で具体的《ぐたいてき》に説明しています。

16 かくにんテスト② 35～36ページ

1 ①光の信号・見たこと
②ア・ウ
③4

2 ①起きているとき
②大切
どうでもよい
③イ

アドバイス

1 ①後の「目が受けとった光の信号《しんごう》は」以下《いか》に注目しましょう。「脳《のう》で見る」とはどういうことかが説明《せつめい》されています。
②2だん落を受けて、「音も同じ」と言っていることをおさえます。

2 ②直前の文に注目します。わすれまいとすることと、わすれさることの「よりわけ」をするのです。
③「ゆめ」の例《れい》が書かれています。

17 会話や行動を読み取ろう① 37～38ページ

1 ①ゆみ
②(女の子の)泣き声

2 ①見知らぬ女の子
②イ

3 (すうっと)消えてしまった(様子)。

4 ①ゆみは急
②大きなけやきの木・オルゴールの小箱

クイズ ①

アドバイス

2 ②トイレの中からあらわれた見知らぬ女の子の言葉です。「やっと見つけてくれた。」から、ひたすら待ち続《つづ》けていた様子が読み取れます。

4 ②「けやき」や「オルゴール」だけでは不《ふ》十分《じゅうぶん》です。「たしかめたもの」が、くわしく表現《ひょうげん》されている部分まで線を引きましょう。

18 会話や行動を読み取ろう② 39〜40ページ

1 ア

2 ①ウ
②紙切れの住所

3 ①暗くなって
②一けんずつ表札をたしかめた

4 足を止めた

クイズ ②

アドバイス

1 「うたがったり、不思議《ふしぎ》に思ったりする様子。」を「首をかしげる」といいます。「首を長くする」は「待ちこがれる。」、「首をつっこむ」は「自分からあることに関係《かんけい》する。」という意味です。

2 ①目的地《もくてき ち》までかなり遠いことと、「　」の中の言葉をあわせて考えます。

19 会話や行動を読み取ろう③ 41〜42ページ

1 ①ア
②頭の中
③暗号

2 ①東の峰・西の峰〈順不同《じゅんふどう》〉
②イ
③上の空

クイズ ①

アドバイス

1 ①・②「頭をもいで、その中に紙切れを」とあります。

2 ②公平《こうへい》は、猿島《さるしま》について気づいたことを、健《たけし》に伝《つた》えようとしています。
③「上の空《うわそら》」は、他のことに気を取られる様子です。

20 会話や行動を読み取ろう④ 43〜44ページ

1 ①西の山・三角岩
②ウ　③ウ

2 ①三角岩
②美登里
③120と10・三角岩

クイズ ③

アドバイス

1 ②おじさんの「けげんな顔」は、不思議《ふしぎ》そうな様子を表します。
③「うーん、……聞いたことがない」に注目します。三角岩があるかどうかはわからないのです。

2 ②「すごーい。」と「感心したよう」な声を出したのは、美登里《みどり》です。
③「あの数字と、この岩」が指すものをとらえます。

21 気持ちの変化を読み取ろう① 45〜46ページ

1 (あの)女の子・待っていた

2 ①山本みちよ(さん)
②ウ

3 ア

4 なくなった・外国・(大事な)オルゴール

クイズ ③

アドバイス

3 「顔色を変《か》える」は、おどろきなどで気持ちの変化《へんか》が顔に表れたときに使う表現《ひょうげん》です。

22 気持ちの変化を読み取ろう② 47〜48ページ

1 ①ア・エ
②まずしいくらし
③「おれと同じ、ひとりぼっちの兵十か。」

2 ①そして、
②(うなぎの)つぐない
③まず一つ、いいことをした

クイズ ②

アドバイス

1 ①死んだ兵十《ひょうじゅう》のおっかあは、どんなにうなぎが食べたかっただろうと、ごんは自分のいたずらを後《こう》かいし、反省《はんせい》しているのです。

2 ②ごんは、自分のいたずらをくやみ、いわしを兵十にあげることでつぐないたいと思ったのです。

23 気持ちの変化を読み取ろう③ 49～50ページ

1 ①いわし屋（のやつ） ②しまった ③イ

2 ①ウ→イ→ア ②兵十は、火

クイズ ③

アドバイス

1 ②ごんは、自分がしたことのために兵十《ひょうじゅう》がひどい目にあわされたことを、兵十のひとり言から知ったのです。

2 ①・②兵十が「火なわじゅうをばたりと取り落とし」たのは、本当のことを知って、とんでもないことをしてしまったと気づいたからです。

24 かくにんテスト③ 51～52ページ

1 ①初《はじ》め…「おばあ　終わり…でした。
②ア ③首

2 ①ア ②イ ③ア

アドバイス

1 ②おばあちゃんの様子が変《へん》だと気づいたころの会話です。そのようなできごとを初《はじ》めて経験《けいけん》したときの、やよいの気持ちを想像《そうぞう》しましょう。

2 ②・③やよいは、おばあちゃんが家からいなくなったわけに気づき、おばあちゃんの気持ちもわかったのです。また、同じ部屋でおばあちゃんがねていることもあわせて考えましょう。

25 だん落の要点をつかもう① 53～54ページ

1 ささえたり・動かしたり〈順不同《じゅんふどう》〉

2 血の中のカルシウム・ほねのカルシウム

3 ①（どんどん）身長 ②二十才くらい

4 カルシウム・食品

クイズ ①

アドバイス

2 直前に「すると」とあるので、その前の部分に、どんなじょうたいになると「ほねの中がすかすかに」なるのかが書かれているとわかります。

4 同じ文の中にある「これらの食品」とは、前のだん落にある、「牛にゅうやチーズ、小魚など」や「切りぼし大根や大根の葉っぱ、モロヘイヤなど」のことです。「これらの食品」には何が多くふくまれているのか、初《はじ》めの一文に書かれています。

26 だん落の要点をつかもう② 55～56ページ

1 ①塩は、料理の味付けに使われる、身近な調味料です。 ②ひみつ

2 ①塩づけ（に） ②くさる

3 (1)（よぶんな）水分 (2)変わる

4 ①消化を助けたり、体の中の水分量をたもったりしています〈26字〉 ②欠かせない

クイズ ②

アドバイス

1 ②「……塩《しお》には、どんなひみつがあるのでしょうか。」と、問いかける形で文章の話題（テーマ）をしめしているので、この後に続《つづ》く文章は、塩の「ひみつ」について書かれていくことがわかります。

4 ①字数が指定されている場合は、指定字数を守って答えなければいけません。「消化液《しょうかえき》や血液などにもとけていて」の部分は、「働《はたら》き」にはあたりません。
②後のだん落に注目します。前のだん落の内容《ないよう》を受けて、塩が「わたしたち（人間）」にとってどんなものかをまとめています。

27 だん落の要点をつかもう③ 57〜58ページ

1 ①つまみやすい
②特別なぎ式の道具
行ぎの悪い食べ方
③はしではつかみにくい

2 ①神様からあたえられたもの
②不じょう・清じょう

クイズ ①

アドバイス

1 ①中国《ちゅうごく》から伝《つた》わったはしが、どのように役に立ったのでしょう。
②後の二つのだん落で、食事の道具としてだけではない、はしの文化について書かれています。

2 ①インドのヒンドゥー教の考え方をとらえましょう。
③[2]だん落では、[1]だん落に付《つ》け加《くわ》えて、手づかみで食べるもう一つの理由が書かれています。

28 だん落の要点をつかもう④ 59〜60ページ

1 ①一七世紀以こう
②フランスのき族たち
③例 手で食べていた・フォークを使うこと

2 ①食器・せん用のもの
②「けがれ」をさける
③手

クイズ ③

アドバイス

1 ③イタリアの人たちがスパゲッティーを何を使って食べたか、そのうつり変《か》わりをまとめます。

2 ①初《はじ》めの部分に「世界では」とあります。家族の間での食器《しょっき》の使い方のちがいをとらえましょう。
②直前に「理由の一つ」とあります。その内容《ないよう》をとらえましょう。
③はしを使わないで、何で「つまむ」のかを考えましょう。

29 だん落の関係をつかもう① 61〜62ページ

1 カビは、どんなじょうけんがそろうと、発生するのでしょうか。

2 ①温度・水分・栄養分〈順《じゅん》不同《ふどう》〉
②温かくてしめった場所

3 イ

4 ア

クイズ ②

アドバイス

1 説明文《せつめいぶん》では、読み手に問いかけたり、よびかけたりすることによって、初《はじ》めに話題（テーマ）をしめすことがあります。「……でしょうか。」という文末《ぶんまつ》に注意しましょう。

2 ①二つのだん落で、カビが育つのに必要《ひつよう》なものが書かれています。

3 「病気をまねきます」に合う言葉です。

4 [2]だん落の初めの「また」は、前の内容《ないよう》に付《つ》け加《くわ》えてのべるときに使われます。

30 だん落の関係をつかもう② 63〜64ページ

1 ①すしのはじまり
②魚・塩・米からつくるほぞん食品
③ウ

2 ①塩・つけこんだ
②[2]
③㋐いな作 ㋑二〇〇〇年以上も前

クイズ ③

アドバイス

1 ②「なれずし」の起げんであるといわれている食品のことです。
③[2]だん落で、「すしのはじまり」は、今のすしとはちがっていたことをのべています。それを受けて、[3]だん落では「すしの起げん」はどのようなものだったかを説明《せつめい》しています。

2 各《かく》だん落の内容《ないよう》をおさえましょう。
・[1]…なれずしとは、どんなものか。
・[2]…なれずしがどのように伝《つた》わったか。
・[3]…なれずしがいつから食べられたか。

31 だん落の関係をつかもう③ 65～66ページ

1 ①㋐米を食べる　㋑すを使って
②イ

2 ①箱につめておす（「」付《つ》きでも正答）
②ウ
③㋐1　㋑2・3

クイズ ①

アドバイス

1 ①2・3だん落から読み取ります。「なまなれ」は食べ方、「早《はや》ずし」はつくり方をとらえましょう。
②奈良《なら》時代→室町《むろまち》時代→江戸《えど》時代から「その後」までと、順《じゅん》にすしの変化《へんか》を説明《せつめい》しています。

2 ①華屋与兵衛《はなやよへえ》の「にぎりずし」については、3だん落で説明されています。「箱《はこ》ずし」を、どのように改《あらた》めたのでしょう。
②「にぎってすぐに食べられる」とあります。つまり、つくるのも食べるのも時間をかけずにできたということです。
③話題は、江戸時代の「にぎりずし」です。

32 かくにんテスト④ 67～68ページ

1 ①3
②約束を守ることの印
③イ

2 ①げんまん・はり千本〈順不同《じゅんふどう》〉
②ウ
③例 約束は、とても大切なものだという意味がこめられている。

アドバイス

1 ①「……どこから来たのでしょうか。」とあります。
②後に『あなたとの約束《やくそく》を守りますよ』という印《しるし》」とあります。この内容《ないよう》を短くまとめた表現《ひょうげん》をさがしましょう。
③ここでは、前の内容に反する事がらを付《つ》け加《くわ》える働《はたら》きです。「もっとも」と、答えの言葉を置《お》きかえて読んでみましょう。

2 ②2だん落から読み取ります。「アメリカや中国《ちゅうごく》」は、日本と同じようなやり方です。アメリカの歌についての記述《きじゅつ》はありません。韓国《かんこく》には、「小指」「親指」の二本を使うやり方もあります。
③「ゆびきりの歌」にこめられている意味が書けていれば正解《せいかい》です。

33 情景を思いうかべよう① 69～70ページ

1 ①ひんやり
②ウ

2 ①青い世界
②ふわっとうき上がる。

3 ①ほやほやの・ぷんぷんの〈順《じゅん》不《ふ》同《どう》〉
②あさ
③うちゅう・ちきゅう

クイズ ③

アドバイス

3 ②各《かく》まとまり（連《れん》）の終わりに注目しましょう。第一連の「アサガオです」という部分を、第二連では「あさの　かおです」、第三連では「きょうの　はじまりの／かおです」と言いかえて表現《ひょうげん》しています。

34 情景を思いうかべよう② 71～72ページ

1 ①夕やけ　②たね
③例 夕日（太陽）　④ア

2 ①イ　②はっきりと
③水平線・ある

クイズ ③

アドバイス

1 詩の中の人物が、夕焼《ゆうや》けを見ています。絵画のような情景《じょうけい》がえがかれた詩です。
②「みたいな」を使ってたとえています。

2 ②どの連《れん》も、四行目は二行目のくり返しになっています。
③「（水平線が）どこまでもある」という表《ひょう》現《げん》を読み味わいましょう。「（水平線が）どこまでも続《つづ》いている」では表現できない力強さを読み取ります。

35 表現のくふうをつかもう① 73~74ページ

1 1いつもは
2ときどき

2 のんびり屋たち

3 ①夏休みはいってしまった
②ア
③(迷子の)セミ・麦わら帽子・波の音
〈順不同《じゅんふどう》〉

クイズ ②

アドバイス

2 前の三行と終わりの三行は、構成《こうせい》(語句《ごく》のならべ方)が同じです。

3 ②「木々の葉の一枚一枚《いちまい》」が秋の始まりの太陽に照《て》らされている様子を、人間の動作にたとえて表現《ひょうげん》しています。
③第四連《だいよんれん》に注目しましょう。夏に関係《かんけい》のある「忘《わす》れもの」が三つ書かれています。

36 表現のくふうをつかもう② 75~76ページ

1 ①ポッ と
街灯が青白くともった
②ウ
③母さん・ぼくだけ(ぼく)

2 ①四
②朝である
③イ ④ウ

クイズ ③

アドバイス

1 ①情景《じょうけい》から、一日のうちのいつかがわかります。「街灯《がいとう》」が「ともった」ということから、夕ぐれどきです。
②「ぼく」がどんな様子でいるかを考えましょう。
③「ぼく」が何を「がんばって」いるのかを考えましょう。

2 ②第二連《だいにれん》から第四連の、それぞれ最後《さいご》の行に注目しましょう。
④「……がある」「……である」は、力強く言い切っている感じがします。

37 かくにんテスト⑤ 77~78ページ

1 ①よかったなあ
②ア ③イ

2 ①ウ
②花・葉・つる・木〈順不同《じゅんふどう》〉
③希望・未来

アドバイス

1 ③このように、同じ言葉をくり返す表現方法《ひょうげんほう》を「反復法《はんぷくほう》」といいます。反復法には、強調したり、リズムを整えたりする効果《こうか》があります。

2 ①「文の句《く》ぎりの／点(句読点《くとうてん》)のよう」なのですから、とても小さい「タネつぶ」です。
②「……だろうか」の言い方に注意して想《そう》像《ぞう》しているすがたをとらえましょう。
③最後《さいご》の連《れん》に作者の感動が表れています。「タネ」が「花」「木」などになる「希望《きぼう》」を抱《いだ》いて「未来《みらい》」へ旅立とうとしているのだなあ、と感じているのです。

38 まとめテスト① 79~80ページ

1 ①(じっと)目をつぶって
②ウ ③(クロ)ヒョウ
④そのとき

2 ①照れくさかった
②子どもた
③ア ④イ

アドバイス

1 ④クロヒョウがほえたことによって、その場のふんい気ががらりと変《か》わっています。静《しず》かなふんい気から、にぎやかなふんい気に変わる一行をさがしましょう。

2 ③「子どもたちをがっかりさせずにすんで、ひと安心した。」→「子どもたちにクロヒョウが動物たちの王様だと思われないかと心配だった。」という内容《ないよう》をつなぐつなぎ言葉を選《えら》びましょう。
④「がんばらなくちゃ」からは、強い決意がうかがえます。

39 まとめテスト② 81～82ページ

1 ①みんなでたすけあえば、
②ウ

2 ①ほっそり・あたたかな
②やよいの手を
③手のぬくもり

アドバイス

1 ②お母さんの言葉や態度《たいど》から、せいかくを読み取ります。お母さんの言葉からは、おばあちゃんへの感謝《かんしゃ》の気持ちも読み取ることができます。

2 ③やよいの思ったことが書かれている最後《さいご》の部分に注目します。やよいは、「手のぬくもり」から、家族として、おたがいを思いやる、あたたかい気持ちを感じ取ったのです。

40 まとめテスト③ 83～84ページ

1 ①例 生まれて・とれた魚かい
②しょうゆに
③例 2～3倍くらいの大きさ。

2 ①[1]
にぎりずし
②ウ
③営業を禁止・委たく加工

アドバイス

1 ①「……を意味したよび名」とあります。その前に書かれた二つの意味を、まとめてとらえましょう。
②生ではすぐに悪くなることから、日もちさせ、おいしく食べるためにくふうされました。どういうくふうがされたか、具体的《ぐたいてき》に書かれた文をとらえましょう。

2 ①[1]だん落で、「にぎりずし」が明治《めいじ》時代以《い》こうに「全国に広まっていく」とし、[2]・[3]だん落で、どのように広まっていったかが説明《せつめい》されています。
②だん落の初《はじ》めのつなぎ言葉です。[2]だん落の初めに「まず」とあり、順《じゅん》に説明を加《くわ》えているので、「さらに」が入ります。
③「にぎりずしが全国に広まる、決定的《けっていてき》なできごと」の内容《ないよう》を、前の部分から読み取りましょう。

41 まとめテスト④ 85～86ページ

1 ①例 水・形
②イ

2 ①イ
②ア・エ

アドバイス

1 ②最後《さいご》の連《れん》の「こたえる」「よろこびに／うちふるえながら」は、水の様子を人間の動作にたとえて表現《ひょうげん》しています。また、最後の連では、言葉の順序《じゅんじょ》をふつうと変《か》えています。ふつうは「こたえる」が最後にきます。

2 ①「ふっくら」から、ゆたかな、包《つつ》みこむような大きさが想像《そうぞう》できます。
②作者は、「大きな宇宙《うちゅう》にいだかれて、その中ではんの小さなわたしたちは生きている。」、「人間は地球上のたくさんのいきものとともに生きている。」ということを伝《つた》えようとしています。